Como fortalecer seus relacionamentos pessoais e profissionais

A importância do desenvolvimento

da inteligência emocional

ALBERICO OLIVEIRA

DEDICATÓRIA

Dedico este trabalho a Angélica e Aristides, meus pais, pela perseverança, amor e firmeza ao orientar-me e ajudar-me a trilhar o caminho que escolhi, o da educação.

AGRADECIMENTOS

Ao senhor Deus por todas as graças recebidas e por iluminar meu caminho. Meus pais por terem dado bons exemplos e orientação. Parentes, colegas e professores que contribuíram para meu crescimento pessoal. Meus alunos, por me permitirem compartilhar esses ensinamentos e ajudá-los a abrirem novas portas para o crescimento pessoal e profissional.

ILUSTRAÇÕES

TECHNOART

ÍNDICE

SUMÁRIO

INTRODUÇÃO

Enquanto algumas pessoas possuem uma capacidade inata para saber lidar com seus sentimentos, entender os sentimentos dos outros e solucionar conflitos de forma inteligente, muitas precisam ser ensinadas a desenvolverem essa habilidade adormecida, para compreenderem porque as emoções são tão importantes para nossos relacionamentos pessoais e profissionais. Essa compreensão é possível quando entendemos porque agimos muitas vezes de forma impulsiva, sem pensar. Desenvolver a inteligência emocional e educar nossas emoções, é fundamental para não sermos controlados por sentimentos geralmente de forma inconsciente, destrutiva e talvez irreversível.

Este livro é uma síntese, fundamentalmente sustentada em pesquisas publicadas por pesquisadores de renome internacional e nacional, sobre como é possível fortalecer seus relacionamentos pessoais e profissionais, a partir do desenvolvimento da inteligência emocional para abrir a percepção de si próprio e do mundo.

O desenvolvimento da inteligência emocional é realizado por uma especialidade denominada Educação Emocional, surgida a partir de estudos para encontrar respostas mensuráveis, sobre como funcionam os processos emocionais e a grande influência das emoções em nossas vidas.

As grandes empresas reconhecem a grande importância do equilíbrio das emoções, por esse motivo buscam colaboradores os quais além da capacidade técnica, sejam também capazes de se relacionarem de forma emocionalmente inteligente com os colegas. Projetos aparentemente perfeitos desenvolvidos por uma equipe com ótimo nível técnico, podem terminar de forma desastrosa, se forem emocionalmente mal realizados devido a desentendimentos constantes.

1 – EMOÇÕES DESTRUTIVAS VERSUS CONSTRUTIVAS

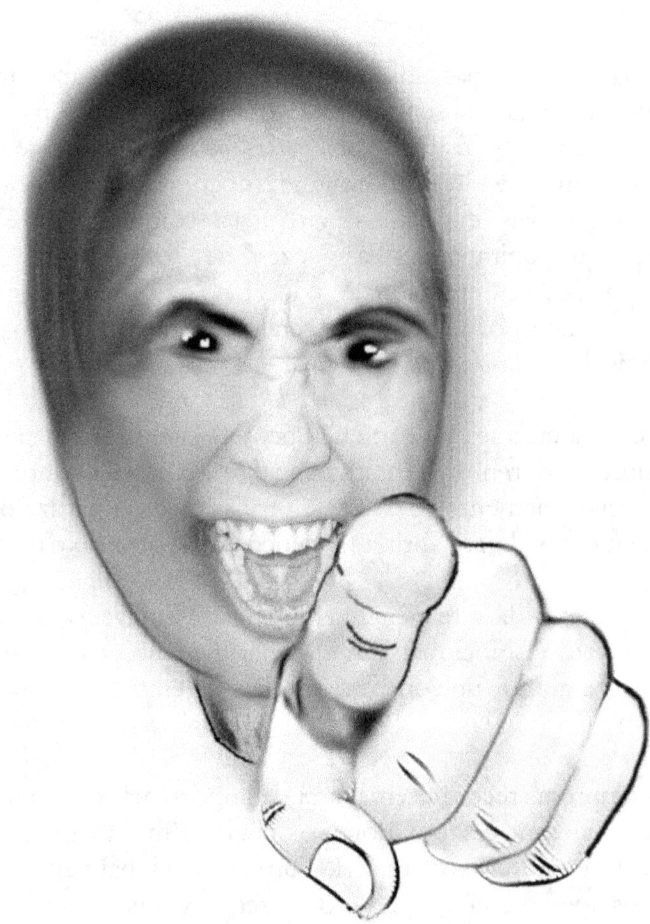

"Qualquer um pode zangar-se, isso é fácil. Mas, zangar-se com a pessoa certa, na medida certa, na hora certa, pelo motivo certo e da maneira certa, não é fácil". (*Aristóteles*).

1.1 - FRUSTRAÇÕES E RAIVA

Como é possível evitar os efeitos negativos das emoções destrutivas? Primeiro precisamos entender como funcionam os processos emocionais, não só do ponto de vista psicológico quanto fisiológico, porque prejudicam o sistema digestivo (úlceras), o sistema circulatório (cardiopatias e pressão alta), entre outros.

Enquanto grande parte da humanidade se vangloria sobre suas conquistas tecnológicas, não percebe ou talvez não se importe, quanto as emoções interferem em nossas vidas.

Entre os renomados estudiosos das emoções o psicólogo Daniel Goleman cita um exemplo muito comum a muitos motoristas, sejam amadores ou profissionais. Imagine se um motorista der uma fechada em outro. Caso o motorista fechado esteja com o emocional desequilibrado por inúmeros motivos, geralmente causados por frustrações diversas, por exemplo: brigou com a esposa devido à mesma ter reclamado de algo. O primeiro pensamento poderia ser xingar, fazer gestos desagradáveis. Em seguida seria a indignação: "Poderia ter batido no meu carro"! Depois da indignação viria uma enorme vontade de vingança. Para tornar a situação ainda mais tensa, mais um motorista, que nada tem a ver, faz a "besteira" de dar uma leve buzinada só para pedir passagem. Como se não bastasse a fechada e não ter conseguido se vingar do motorista que o "insultou", vai tentar descontar suas frustrações no motorista da buzinada. Esses comportamentos demonstram muito descontrole emocional, e muitas vezes podem terminar em situações perigosas e até em crimes.

Vamos imaginar o inverso, onde o mesmo motorista fechado não permitisse suas frustrações serem mais fortes do que ele. Ao invés de tentar descarregar suas insatisfações de forma tão violenta, ele pensasse o seguinte: "Será que ele me viu? " "Talvez esteja dando socorro! ". "Seria algum problema mecânico? " "Estaria alcoolizado? " "Se estiver alcoolizado espero que um policial o pare antes que cause algum acidente grave"! Esses pensamentos para tentar compreender a situação e procurar soluções civilizadas, mudam completamente o quadro tenebroso anterior. Abre perspectivas para uma visão mais compreensiva e apaziguadora. Dessa maneira, a sensação de indignação e raiva seria abrandada com um olhar de quem tenta entender a situação do outro motorista. Assim, os pensamentos de entendimento funcionam como amortecedores da raiva, a qual poderia terminar da pior maneira possível.

Não confundir procurar compreender uma situação desagradável e tentar solucionar civilizadamente, com ser conformado e incapaz de se indignar ao ver comportamentos desrespeitosos, praticados por outras pessoas.

"A raiva nunca é sem motivo, embora raramente seja um bom motivo. " *(Benjamin Franklin)*

Existe uma sequência de pensamentos furiosos que alimentam a raiva. Quanto mais pensamos nos motivos causadores do sentimento de raiva, mais a alimentamos e mais dificuldades teremos para lidar com ela. Quando tentamos buscar motivos e justificativas mais compreensivas e menos destrutivas para a situação causadora de nossa raiva, mais a abrandaremos e podemos raciocinar para tentarmos soluções mais inteligentes e construtivas.

Obviamente, tentar desviar o sentimento de raiva para pensamentos mais tolerantes não é uma tarefa fácil, como afirmou Aristóteles, mas não é impossível. Para o psicólogo e pesquisador Dolf Zillmann a raiva é uma reação provocada instintivamente a qual prepara para lutar ou fugir, quando há perigo eminente. O perigo pode ser causado por ameaça física direta ou simbólica à autoestima, ou à dignidade. O sentimento da ofensa à honra, tratamento grosseiro, injustiça, humilhação e frustração quando se tenta obter algo tão almejado sem sucesso.

A raiva produz substâncias no cérebro que preparam o corpo para enfrentar o perigo real ou imaginário. Sendo assim, sabendo como reage o cérebro no momento da raiva, seriam criados motivos para refletir e tentar reduzir seus efeitos danosos. Não deixar os instintos mais primitivos decidirem como agir em um momento tenso, antes de tentar soluções mais civilizadas.

ESPAÇO PARA ANOTAR SUAS REFLEXÕES

ESPAÇO PARA ANOTAR SUAS REFLEXÕES

ESPAÇO PARA ANOTAR SUAS REFLEXÕES

2 – INTELIGÊNCIA EMOCIONAL

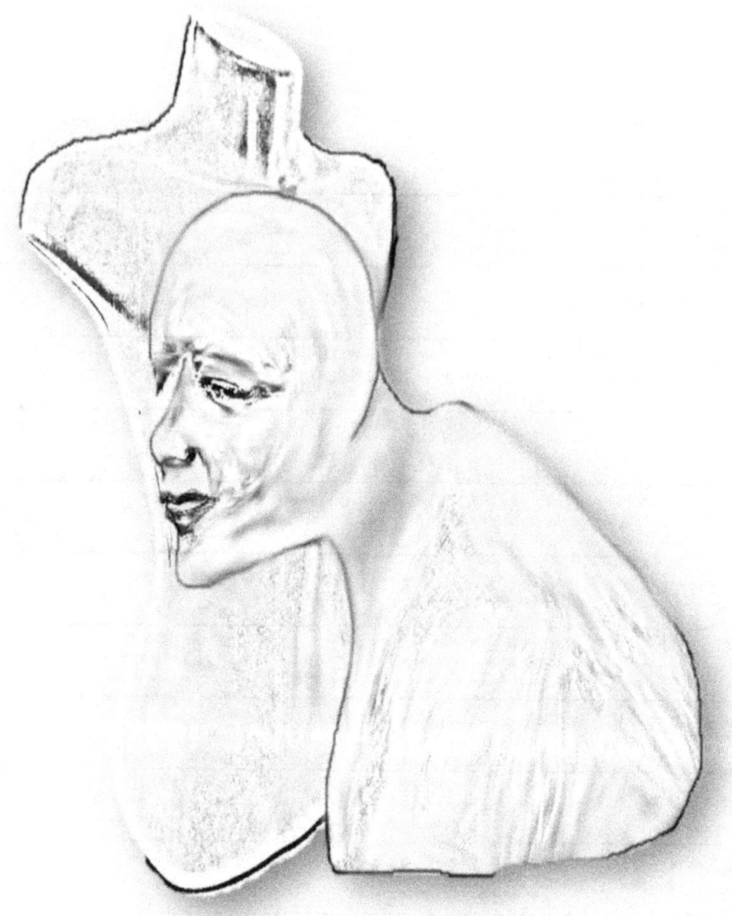

A expressão "Inteligência Emocional" foi criada pelos psicólogos Peter Salovey e John Mayer. Posteriormente outros pesquisadores renomados internacionalmente realizaram vários estudos, cujos resultados comprovam a importância dessas pesquisas.

O estudo da inteligência emocional também comprovou a estreita relação entre desempenho profissional e o emocional. Os resultados inegáveis são amplamente utilizados pelas grandes empresas. Não há mais dúvidas para entender porque um profissional altamente competente em relação ao conhecimento técnico, no entanto, ter dificuldade para se relacionar com outras pessoas. Essa dificuldade geralmente torna o ambiente pesado e desagradável, não só no trabalho, quanto na família.

A inteligência emocional segundo Goleman pode ser subdividida em cinco aptidões básicas:

- Conhecer os próprios sentimentos: um grande número de pessoas não consegue definir sentimentos de amor, vergonha ou orgulho, nem a razão para o surgimento dessas sensações emotivas indefinidas. Não sabem sequer avaliar a intensidade das mesmas. Se uma pessoa não for capaz de avaliar a "potência" dos seus sentimentos, não poderá definir até que ponto esses sentimentos estão influenciando a ela própria e pessoas próximas, positiva ou negativamente.

- Ser dotado de empatia: a capacidade de reconhecer os sentimentos dos outros e compreender as razões desses sentimentos, demonstra uma grande capacidade de se identificar com a situação ou as motivações alheias. Empatia é a capacidade de sentir como as outras pessoas, de sentir as emoções do outro como suas próprias. Para alguns é difícil entender os sentimentos alheios, enquanto outros conseguem ler os sentimentos de alguém como se estivesse no lugar daquela pessoa. O empata está vários níveis acima do simpático, sintoniza com os sentimentos alheios, está sempre pronto a colaborar, sem se importar com recompensas. Não confundir empatia com simpatia. O simpático procura sempre dizer o que os outros gostariam de ouvir. Não estão realmente dispostos a cooperarem, mas se sentem mal por não ter tal aptidão.

- Aprender a controlar as próprias emoções: saber quando expressar as emoções e quando as controlar, ou liberar de forma inofensiva e produtiva, ou aguardar o momento propício para expressar as emoções.

- Integração de tudo - à medida que uma pessoa evolui com a prática da educação emocional, ela desenvolve uma aptidão chamada interatividade emocional, cujo significado é a capacidade de estar em sintonia com os sentimentos do próximo e poder sentir seus estados emocionais e interagir eficazmente com eles.

- Remediar danos emocionais: pedir desculpas não é uma tarefa fácil, porque fere o nosso orgulho. Não praticar pedir desculpas pode deteriorar permanentemente os relacionamentos.

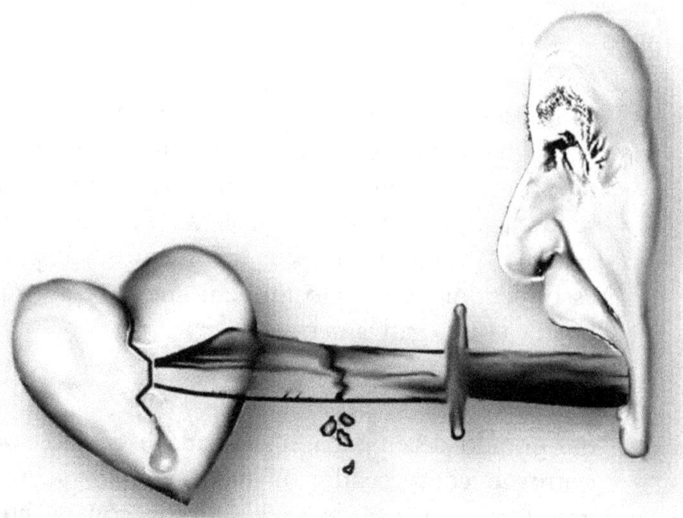

2.1 CRITICAR COM HABILIDADE

Uma crítica inteligente feita individualmente ou em grupo é incrivelmente poderosa. A crítica inteligente não desmerece ou faz sarcasmo, mas dá sugestões e pede opiniões para fazer cada vez melhor o que já foi feito. Os criticados se sentem tranquilos para opinar porque sabem ser bem-vindas as suas opiniões. Os administradores das empresas de sucesso sabem disso.

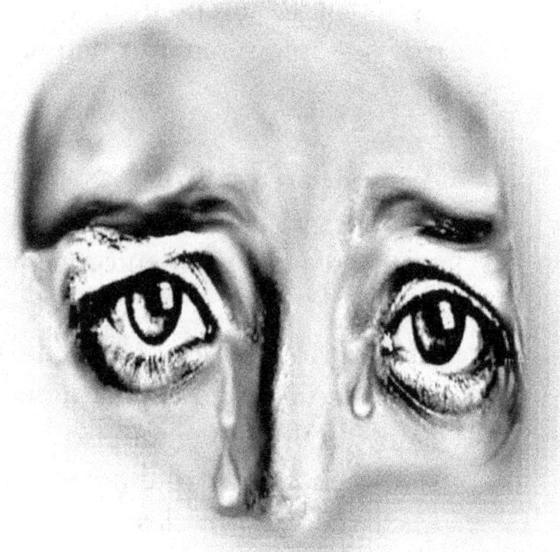

"Você só serve para me dá trabalho! "
"Imprestável, idiota! "
"Não sei para que tive você! "

Imaginemos essas palavras carregadas de tanto ódio e frustração, chegando raivosamente aos ouvidos de uma pessoa, principalmente de uma criança frágil e indefesa que precisa de cuidados, amor e orientação!

" Elogie em público e corrija em particular. Um sábio orienta sem ofender, e ensina sem humilhar. " (*Mario Sergio Cortella*).

Um grupo de trabalho apresenta ao presidente da empresa um projeto onde todos se empenharam e fizeram seu melhor. Esse presidente olha os resultados dos relatórios, e com ar de pouco caso diz: "Vocês levaram todo esse tempo para me apresentarem isto"? "Teria feito melhor se tivesse contratado estagiários"! "Pelo menos o custo seria bem menor"!

Depois de tanto esforço e dedicação, ouvir algo assim, seria como a criança que deixou seu delicioso sorvete cair no chão e não tem dinheiro para comprar outro. Inúmeras emoções destrutivas emanarão daquela sala de reuniões. Desânimo, decepção, raiva, ressentimento, frustração, tristeza. São como punhaladas no coração que não cicatrizam. Os mais fortes tentarão superar, talvez mudar de empresa. Os mais fracos se sentirão impotentes e perderão a capacidade criativa, inclusive podendo desenvolver depressão entre outras perturbações emocionais.

Se ao invés de o presidente mostrar tanta incompetência e falta de inteligência emocional, agisse no sentido de demonstrar que está feliz com os resultados, mas é preciso reduzir mais os custos. Depois concluiria sugerindo propostas viáveis, que podem ser melhoradas por sua equipe e acrescentadas ao projeto. Obviamente, obteria uma reação oposta à da crítica destrutiva. Seus colaboradores sentiriam que o presidente daquela empresa acredita neles e sabe que podem conseguir melhores resultados para empresa e para eles. Em vez de criar sentimentos destrutivos de raiva e revolta, cria espaço para estimular a criatividade da equipe. Cada membro da equipe sentirá segurança em apresentar suas ideias para melhorar o desempenho do projeto, sem medo de ser ridicularizado. A crítica feita de forma hábil elogia o trabalho e o esforço. Incentiva a procurar soluções cada vez mais criativas e mostra quanto isso será bom para empresa e para seus funcionários. Empresa onde se pratica a inteligência emocional, trata seus funcionários como colaboradores, as peças mais importantes da empresa, e não como escravos descartáveis.

Fazer pouco caso de um colaborador é o maior erro que um administrador pode cometer, observa o psicólogo J. R. Larson. A pessoa ofendida em suas crenças pessoais e em sua autoestima, se põe na defensiva. Não escuta mais as ordens e trabalha contra a empresa, apesar de saber que ele também será prejudicado. Ninguém sairá vencedor! Pessoas que recebem muitas críticas, geralmente por pequenos deslizes, e nunca ouviram um elogio podem desenvolver deficit de motivação, porque se induz a crença de serem incapazes. Essas pessoas desistem e se conformam com o mínimo, com as migalhas.

Não raro encontrar pessoas que desprezam a opinião dos outros, não fazem questão de ouvir, interrompem e desmerecem sem sequer contra argumentarem mostrando fatos. Sempre terminam a conversa antes de começar, de forma totalmente autoritária.

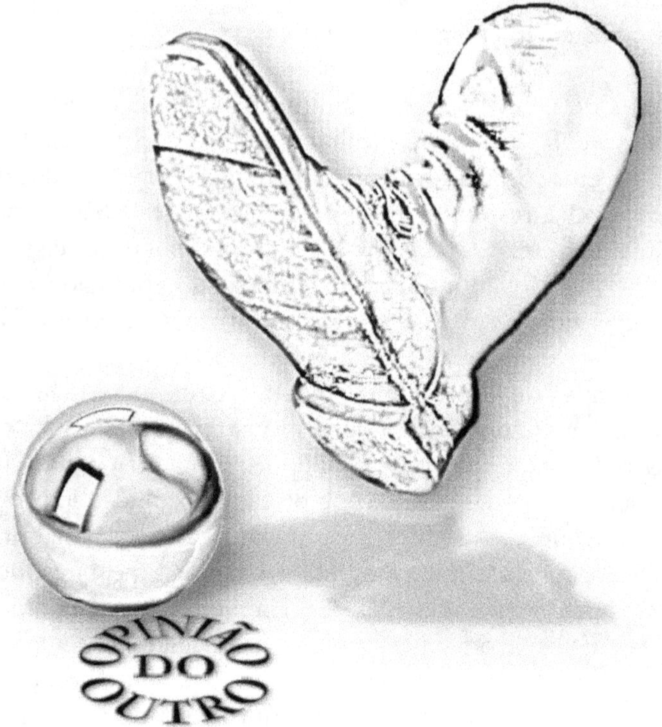

"O que mais me impressiona nos fracos, é que eles precisam humilhar os outros, para se sentirem fortes". (*Mahatma Gandhi*).

2.2 - FUNÇÃO DAS EMOÇÕES

A melhor maneira de entender as emoções alheias, é tentar se colocar no lugar de alguém que passou por uma forte emoção. A raiz da palavra emoção vem do latim movere, cujo significado é mover acrescida do prefixo e. Denota afastar-se. Em qualquer emoção está implícita uma propensão para um agir imediato. Essa relação entre emoção e ação imediata fica bem clara quando são observados animais ou crianças. As emoções ou ações automáticas são para agir imediatamente.

Dale Carnegie, Daniel Goleman, entre outros estudiosos das emoções utilizam inúmeros exemplos de fatos, para ilustrar como o emocional influencia as nossas vidas.

Gary e Mary Jane Chauncey, um casal inteiramente dedicado à filha Andrea, onze anos, confinada a uma cadeira de rodas. Um terrível acidente de trem devido a uma barcaça bater e abalar a estrutura da ponte ferroviária, exatamente no momento em que o trem passava, o fez despencar e cair no rio. O casal e a filha sobreviveram à queda, porém, a água começou a invadir o vagão rapidamente. O casal não pensou duas vezes, antes de o vagão ser engolido pelo rio tiveram tempo de passar a filha por uma das janelas e entregar para as pessoas que se jogaram no rio, numa tentativa desesperada de salvar o casal e sua filha. Só houve tempo para salvar Andrea, enquanto se assistia o vagão desaparecer levando junto o casal.

O fato narrado anteriormente, quando visto pela perspectiva de biólogos evolucionistas sobre o sacrifício dos pais, ao abdicarem das próprias vidas para salvar a vida da filha amada, está a serviço do instinto de preservação da espécie. Mas, da perspectiva do pai e da mãe em um momento de desespero tomaram uma decisão de simplesmente amor. O amor altruístico que não espera nada em troca e as demais emoções de desprendimento, sem se importar com sigo próprio, indica quanto as emoções, as paixões e anseios são essenciais para garantir a sobrevivência, no que diz respeito às questões humanas. Não esquecer das pessoas que se arriscaram, quando se jogaram no rio para em uma atitude de desprendimento, tentar salvar aqueles desconhecidos, necessitados desesperadamente de ajuda, enquanto as águas do rio engoliam o pesado vagão.

Os pesquisadores observam que em momentos decisivos o coração passa sobre a razão. São as emoções a orientar as pessoas quando diante de um impasse e quando há a necessidade de se tomar providências importantes demais, para ser deixadas a cargo unicamente do racional. Em situações de perigo, na experimentação da dor causada por uma perda, cada tipo de emoção vivenciada pré-dispõe o corpo para uma ação imediata. Cada emoção mostra a direção, o caminho a ser tomado rapidamente quando não há tempo para usar a razão.

2.3 - FISIOLOGIA DAS EMOÇÕES

Existem inúmeros estudos científicos sobre os efeitos fisiológicos das emoções. Diferentes tipos de emoções preparam o corpo para diferentes tipos de respostas:

- **RAIVA** – O sangue flui para as mãos, para se defender de uma provável ameaça. Os batimentos cardíacos aceleram-se e a adrenalina cria energia suficientemente forte para uma atuação rápida e vigorosa, o necessário para a autodefesa.

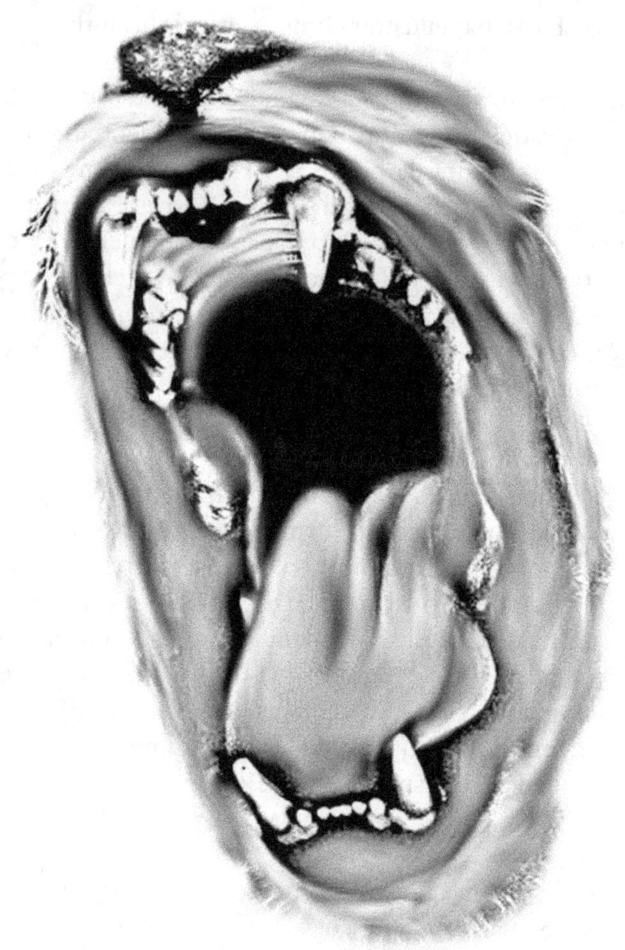

- **MEDO** – O sangue corre para os músculos, assim como os das pernas para aumentar a capacidade de fuga. O rosto fica pálido, porque o sangue flui para as regiões capazes de preparar o corpo para agir, enquanto se elabora a melhor ação a ser tomada. A imobilidade do corpo, ainda que por um instante, talvez tenha a função de permitir considerar qual a melhor ação, reagir, fugir ou se esconder. Circuitos existentes nos centros emocionais do cérebro disparam grandes quantidades de substâncias denominadas hormônios, para o corpo ficar em alerta máximo e pronto para agir. A atenção se fixa na ameaça para melhor calcular qual ação deve ser tomada.

- **FELICIDADE** – Causa uma das principais alterações biológicas. A atividade do centro cerebral é incrementada. Isso faz inibir os sentimentos negativos, desaparecem as preocupações. A mudança física experimentada pela pessoa feliz é o sentimento de tranquilidade. O corpo ganha um total relaxamento, assim como disposição e entusiasmo para a execução de qualquer tarefa. Mente e corpo estarão prontos para seguir em direção a uma grande variedade de metas.

- **SURPRESA** – Provoca a reação curiosa de erguer as sobrancelhas, talvez para proporcionar uma melhor avaliação visual mais ampla e para permitir mais luz na retina. Isso permite obter mais informações sobre um acontecimento ocorrido de forma inesperada e torna mais fácil perceber exatamente o que está a acontecer e conceber o melhor plano de ação.

- **REPUGNÂNCIA** – A expressão facial envia mais ou menos a mesma mensagem: alguma coisa desagradou ao paladar, ao olfato de forma real ou metaforicamente. A expressão facial de repugnância é o lábio superior retorcido para um dos lados e o nariz enrugado ligeiramente. Talvez uma tentativa de tapar as narinas para evitar um odor nocivo ou cuspir fora uma comida estragada.

- **TRISTEZA** – Tem como uma de suas principais funções propiciar um ajustamento a uma grande perda. A morte de alguém ou uma decepção significativa acarreta uma perda de energia e de entusiasmo pelas atividades da vida, em particular por diversões e prazeres. Quando a tristeza é profunda, aproxima-se da depressão e a velocidade metabólica fica reduzida. Esse retraimento introspectivo cria a oportunidade para lamentar uma perda ou frustração, captar suas consequências e para planejar um recomeço quando a energia retornar. A perda de energia provavelmente pode ter como objetivo manter os seres humanos vulneráveis em estado de tristeza, e assim permanecerem perto de casa, onde estariam em mais segurança.

- **AMOR** – Os sentimentos de afeição implicam estimulação parassimpática. Constitui-se no oposto fisiológico que mobiliza para fugir ou lutar, quando o sentimento é de medo ou de ira. O padrão parassimpático chamado de resposta de relaxamento, é um conjunto de reações que toma todo o corpo e provoca um estado geral de calma e satisfação.

2.4 - QUANDO AS EMOÇÕES AFETAM A SAÚDE

O doutor e pesquisador Hans Selye definiu na década de 1930 o estresse como um resultado não-específico de qualquer sobrecarga emocional sobre o organismo, a ponto de ocorrer o fenômeno da somatização, que produz efeitos físicos no organismo. Situações causadoras de excesso de ansiedade foram propostas como responsáveis: excitação emocional, cansaço por esforço excessivo, esforço para se concentrar, sofrimento por humilhação, ansiedade para atingir um resultado, inclusive o sucesso repentino e inesperado.

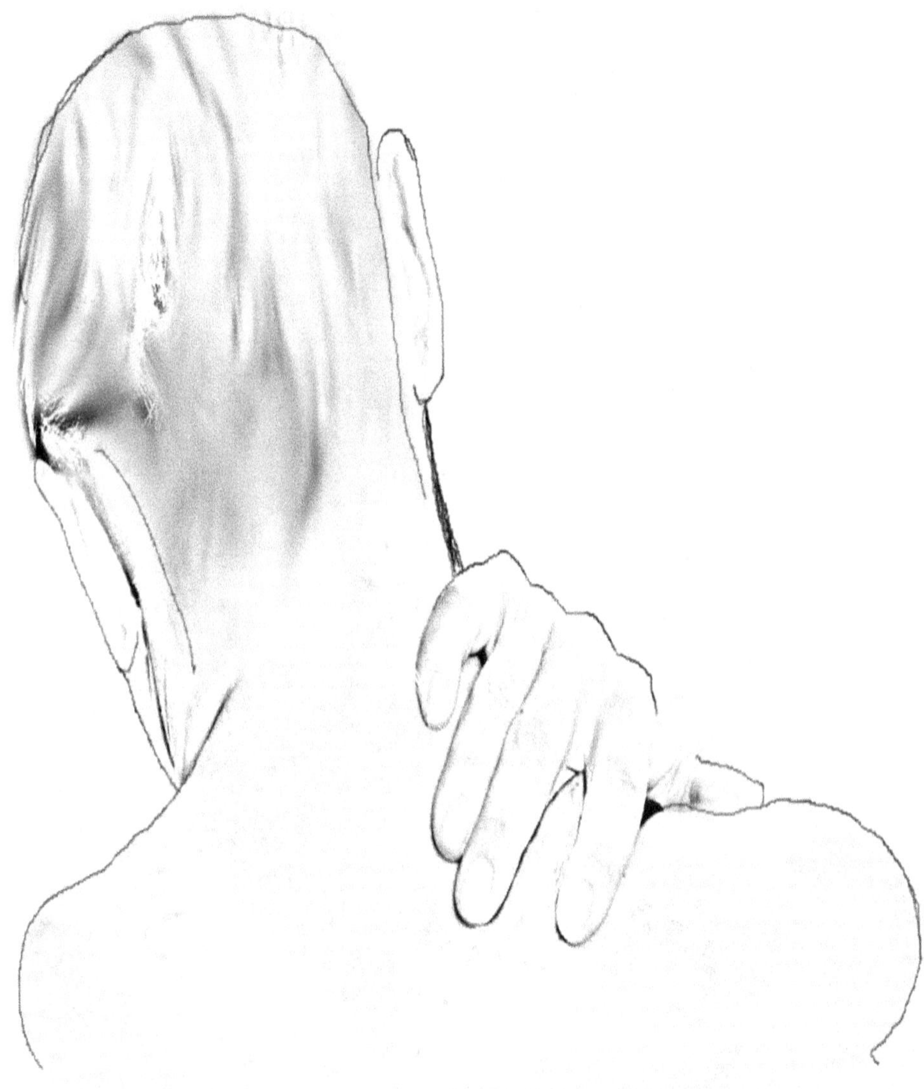

"O estresse é um processo vital e fundamental onde pode ser dividido em dois tipos, ou seja, quando passamos por mudanças boas, temos o estresse positivo e quando atravessamos alguma fase negativa, estamos vivenciando o estresse negativo". (Hans Selye).

Conforme o estresse aumenta, três fases distintas irão surgir: fase de alerta, resistência e exaustão.

- A fase de alerta é observada no momento da ocorrência da situação de estresse. Ocorre uma reação de prontidão quando o indivíduo está passando pela situação a qual o incomoda. Quando a causa do incômodo estressante desaparece, o organismo descansa, os níveis de adrenalina reduzem e o equilíbrio é restaurado.

- Com a permanência da situação causadora do estresse e a falta de habilidade para lidar com ele por parte do indivíduo, faz o organismo entrar na segunda fase, a *fase de resistência*. O corpo procura seu equilíbrio interno ao procurar se adaptar ao estresse. Alguns sintomas da fase de resistência são: falha de memória, sensação de cansaço, irritabilidade, desânimo, entre outros.

- Após a segunda fase consumir toda a energia tentando se adaptar, o corpo entra na fase de exaustão, na qual começam as manifestações físicas. Esta fase leva à depressão. A depressão faz surgir doenças crônicas: úlceras e colite.

Os estudos de Selye comprovaram a estreita relação entre a inteligência emocional e o estresse. A maioria das pessoas desconhece essa relação. Por isso não tiveram a oportunidade para aprender encontrar o equilíbrio emocional. Por outro lado, algumas pessoas cujo emocional é melhor resolvido possuem um senso de autocontrole, o qual se reflete em menores níveis de estresse.

ESPAÇO PARA ANOTAR SUAS REFLEXÕES

ESPAÇO PARA ANOTAR SUAS REFLEXÕES

ESPAÇO PARA ANOTAR SUAS REFLEXÕES

3 - AS DUAS MENTES

Para Goleman existem duas mentes: a emocional e a racional.

As funções do hemisfério cerebral esquerdo abrigam o raciocínio concreto, lógico, formal e analítico baseado na razão e fatos.

Enquanto o hemisfério cerebral esquerdo abriga o raciocínio lógico, as funções do hemisfério cerebral direito são responsáveis pela criatividade, raciocínio abstrato, conceitual, informal, intuitivo e a atividade emocional.

Na maior parte do tempo os dois cérebros operam em estreita harmonia, interagindo seus conhecimentos para melhor orientação no mundo. Em geral, há um equilíbrio entre as mentes emocional e racional. A emoção alimenta e informa as operações da mente racional, enquanto a mente racional procura conter os excessos do comportamento causados pelas emoções. As duas mentes são estruturas cerebrais semi independentes, cada uma capaz de refletir o funcionamento de circuitos distintos, embora interligados no cérebro.

Um exemplo para fundamentar a teoria das duas mentes, é usado por Goleman sobre uma amiga e sua dolorosa separação terminada em divórcio. O marido trocou-a por uma mulher mais jovem com quem trabalhava. Passados alguns meses, ela dizia se sentir feliz com sua independência. Não pensava e não queria nem saber dele. No entanto, quando pronunciava tais palavras de satisfação com sua nova vida, com tanto entusiasmo, seus olhos se enchiam de lágrimas. Suas palavras refletiam sua mente racional e suas lágrimas refletiam sua mente emocional triste devido à separação. Em outras palavras, ela falava com a mente racional e sentia com a mente emocional. Esses dois modos fundamentalmente diferentes de conhecimento interagem na construção da vida mental. A mente racional é consciente, capaz de ponderar e refletir. Enquanto a mente emocional é impulsiva e poderosa.

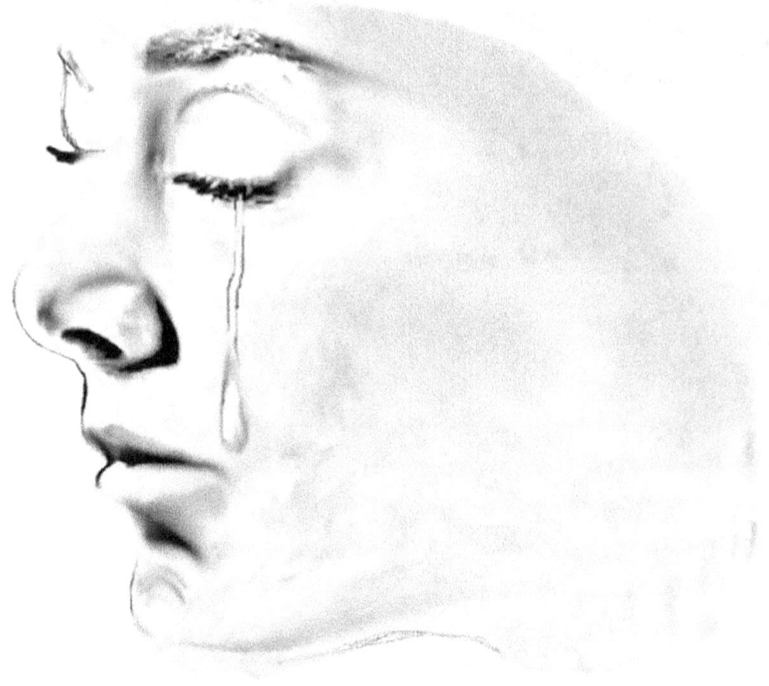

Na maioria dos momentos essas mentes se coordenam. Quando surgem as paixões, esse equilíbrio fica instável. A mente emocional assume o comando e bloqueia a mente racional. Não raro ocorrem as explosões sentimentais direcionadas para alguém muito amado: um filho, esposa, marido. Depois da descarga emocional, a mente racional repreende a mente emocional. Finalmente vem o sentimento de arrependimento e a ideia de não ter a necessidade de reclamar com tanta raiva. O sentimento de arrependimento pode vir acompanhado também do sentimento de vergonha.

Essa impulsividade é denominada de "sequestro emocional". A principal característica do sequestro emocional é a anulação da mente racional.

Nem todo o sequestro emocional é negativo. Uma piada ou situação muito engraçada pode nos causar risos incontroláveis.

Uma pessoa luta muito por um objetivo, quando consegue concretizá-lo pode apresentar as mais diversas reações. Não são raras as pessoas precisarem de atendimento médico, devido a uma emoção de felicidade muito forte. Essas explosões emocionais ou sequestros emocionais têm origem numa parte do cérebro denominada cérebro límbico.

3.1 - COMO O CÉREBRO EVOLUIU

Para melhor entender como a emoção interfere na razão, e muitas vezes entram perigosamente em conflito, existem diversos trabalhos realizados por vários pesquisadores, os quais revelam como o cérebro humano se desenvolveu durante milhões de anos.

Entre esses pesquisadores destaca-se o neurocientista Paul Maclean.

Para Maclean a evolução do cérebro apresenta esse órgão dividido em 3 níveis:

Os dois primeiros níveis mais antigos são identificados como o cérebro reptiliano ou cérebro de lagarto, ou ainda, como foi convencionado pelos recentes estudos científicos com o nome de Sistema Límbico. O sistema límbico existe ainda no ser humano. O Sistema Límbico é responsável pelas atividades orgânicas inconscientes e subconscientes, inclusive todas as reações instintivo-emocionais. Segundo Maclean o Sistema Límbico é o centro emocional do cérebro.

- O terceiro nível cerebral ou sistema Cortical, derivado de Córtex, cujo significado é cortiça ou capa, apresenta forma ondulada, responsabiliza-se por todas as elaborações intelectuais e as ações deliberadas do ser humano. Neste cérebro composto de três camadas, as duas porções inferiores, mais antigas, abrigam todas as aptidões operacionais ou emocionais, enquanto o córtex superior domina as aptidões puramente intelectuais do ser humano, as aptidões da inteligência.

Os centros superiores do cérebro ou mais externos desenvolveram-se a partir das partes inferiores mais internas e mais antigas. O crescimento do cérebro no embrião humano sempre repete mais ou menos esse caminho evolutivo. Todas as espécies dotadas de um sistema nervoso superior chamado de tronco cerebral, apresentam também a parte mais primitiva do cérebro humano. O tronco cerebral situa-se em torno da parte superior da medula espinhal. Esse cérebro básico e mais antigo regula funções vitais de forma autônoma, tais como a respiração e metabolismo, além de controlar reações e movimentos independentes de nossa vontade.

O cérebro primitivo não aprende, ao contrário, tem a capacidade de auto regulagem a partir de uma programação para manter o corpo em funcionamento. O cérebro primitivo reage para assegurar a sobrevivência e não obedece à vontade. Esse cérebro desenvolveu-se há milhões de anos durante o surgimento dos grandes répteis. Não pensava, simplesmente agia para garantir a defesa e a sobrevivência. O cérebro primitivo deu origem aos centros emocionais. Milhões de anos passaram enquanto o cérebro desenvolvia os centros emocionais, até surgir o centro pensante ou neocortex, formado por tecidos ondulados que formam as camadas externas. O fato de o cérebro pensante ter se desenvolvido a partir das emoções revela muito sobre a relação entre razão e emoção, porque existiu um cérebro emocional muito antes do cérebro racional, o cérebro das ideias e equilíbrio.

Os biólogos concluíram existirem fundamentalmente três cérebros interagindo entre si. Um autônomo regulador, um emocional sensível e outro racional moderador do emocional.

O racional ou pensante derivou do emocional. Isso explicaria porque as emoções estão perigosamente tão próximas e sempre à frente do racional. O sentido do olfato guarda a memória mais antiga e rudimentar da vida emocional. Localiza-se no lobo olfativo, constituído de células desenvolvidas com a função de absorver e analisar o cheiro. Todo ser vivo tem odores próprios que o vento transporta. Os Odores identificam desde o alimento, parceiros sexuais, até um potencial inimigo. Nos tempos primitivos, o olfato apresenta-se como o sentido mais importante para a sobrevivência. A partir do lobo olfativo começaram a evoluir os antigos centros de emoção. Esses centros tornaram-se suficientemente grandes para envolver o topo do tronco cerebral. As células constituintes do olfato eram capazes de identificar e classificar o comestível ou tóxico, sexualmente disponível, inimigo ou comida. Uma segunda camada de células enviava mensagens para morder, cuspir, aproximar-se, fugir, caçar.

Com o surgimento dos primeiros mamíferos vieram novas e decisivas camadas, base do cérebro emocional. Essas novas camadas situam-se em torno do tronco cerebral. Essa nova parte do cérebro chama-se Sistema Límbico, porque cerca o tronco cerebral. O nome límbico vem de limbus, palavra latina que significa orla. Essa parte do cérebro é responsável pelo medo, raiva, anseios, paixão ou causa paralisia pelo sentimento de medo extremo.

A região límbica também é capaz de memorizar e aprender, esse fato possibilita ao animal ficar mais astuto para fazer escolhas adequadas à sobrevivência, demonstrar capacidade de adaptação às exigências do ambiente, em vez de responder com reações automáticas. Se uma comida era tóxica podia ser evitada. Isso era feito pelo Rinencéfalo, o cérebro do nariz, constituída por uma parte da região límbica, formadora da base elementar do neocortex, o cérebro pensante capaz de planejar e compreender, características observadas nos mamíferos.

O neocortex é a sede do pensamento, contém centros capazes de reunir e compreender os estímulos captados pelas células dos sentidos. Acrescenta sentimento aos pensamentos sobre arte, símbolos, situações e imagens. O neocortex do homo sapiens, muito maior quando comparado a qualquer outra espécie, promove as características humanas.

Apesar de o ser humano não ter as ferramentas de sobrevivência e autodefesa encontradas nas outras espécies: garras, sentidos extremamente desenvolvidos, rapidez, entre outros, seu neocortex muito mais desenvolvido permite criar estratégias, planejar. As artes, civilizações e culturas diversas são frutos do neocortex. Espécies que não têm o neocortex, como os répteis, carecem de afeição materna. Quando saem do ovo, os recém-nascidos têm de se esconder para não serem devorados pelos próprios pais.

Ao analisar a evolução ocorrida durante milhões de anos, desde os grandes répteis até surgir o ser humano, o volume do neocortex aumentou. Com esse aumento ocorre um incremento de proporções gigantescas nas interligações dos circuitos celebrais. Quanto maior o número dessas ligações, maior a gama de respostas possíveis, por exemplo, a resposta em ralação ao medo pode ser observada de forma diferente entre espécies. Enquanto as espécies não humanas teriam apenas duas opções: fugir ou enfrentar agressivamente, o ser humano pode ter outras opções, como chamar a polícia, ou tentar negociar.

Os centros superiores não controlam toda a vida emocional. Quando ocorre um problema crucial relacionado ao coração ou paixões e especialmente nas emergências emocionais, o sistema Límbico assume o controle. O cérebro emocional desempenha uma função decisiva na constituição do circuito neural.

As áreas emocionais entrelaçam-se através de milhares de ramificações interligadas com todas as partes do neocortex. Isso dá aos centros emocionais imensos poderes de influenciarem o funcionamento do resto do cérebro, ao incluir os centros de pensamento.

ESPAÇO PARA ANOTAR SUAS REFLEXÕES

ESPAÇO PARA ANOTAR SUAS REFLEXÕES

ESPAÇO PARA ANOTAR SUAS REFLEXÕES

4 - CONTROLE OU REPRESSÃO DAS EMOÇÕES

Não se deve confundir controlar as emoções com reprimir as emoções. O controle das emoções é consciente, porque depende da vontade para educá-las. A repressão das emoções, ao contrário, funciona como uma bomba de efeito retardado. Quando alguém sofre uma agressão física ou psicológica, não precisa e não deve reprimir seu sentimento de revolta. Zangar-se não significa explodir em raiva, é mostrar civilizadamente as razões de sua reclamação, de forma clara e objetiva. Se auto reprimir cria ressentimentos, como uma ferida que nunca cicatriza.

"Quando eu digo controlar emoções, me refiro às emoções realmente estressantes e incapacitantes. Sentir as emoções é o que torna a nossa vida rica". (Daniel Goleman).

À medida que uma pessoa evolui com a prática da educação emocional, ela desenvolve uma aptidão chamada interatividade emocional, cujo significado é a capacidade de estar em sintonia com os sentimentos do próximo e poder sentir seus estados emocionais e interagir eficazmente com eles. Algumas pessoas conseguem com muita habilidade desfazer qualquer mal-entendido entre duas ou mais pessoas. Geralmente, essas pessoas são verdadeiras especialistas emocionais, costumam conversar em particular e separadamente com cada ofendido. Convence cada parte de ter razão em sua indignação. Porém, os faz entender que não precisava trocar ofensas.

As partes as quais se ofenderam mutuamente, não importa quem começou, entendem o exagero da situação. Para finalizar o trabalho de reconciliação, o especialista emocional reúne as partes ofendidas, as convence apertarem as mãos. Depois vêm os sorrisos, um tanto quanto desconsertados, assim, todo o mal-estar emocional se acaba e desaparece como por encanto, com o retorno da harmonia emocional.

Quantas situações desagradáveis foram evitadas pela intermediação de pessoas com capacidade emocional tão desenvolvida. Essas pessoas podem salvar projetos e até mesmo empresas, acabar conflitos armados, entre outras situações emocionalmente delicadas, as quais normalmente terminariam de forma desagradável e até tragicamente. Pessoas emocionalmente evoluídas lidam com situações emocionais espinhosas, geradoras de discussões, fúria, mentiras, agressão verbal, agressão física e mágoas.

Logicamente, nem todas as pessoas têm tal capacidade. A Educação Emocional poderá despertar e desenvolver essas habilidades com a prática diária, mas, não garante sempre bons resultados. Mudar a si próprio é um aprendizado difícil. É um grande desafio aprender a trabalhar produtivamente os sentimentos. Não basta ter só disposição para mudar, é preciso ter disposição para pôr em prática as técnicas diariamente.

Dizer as "palavras mágicas" que abrem muitas portas e fortalecem os relacionamentos pessoais e profissionais, é um ótimo começo.

Bom dia! Boa tarde! Boa noite! Por favor! Com licença! Obrigado! Desculpe! São algumas "palavras mágicas" as quais isoladas ou associadas e pronunciadas com alegria, criam um ambiente mais leve e mais favorável, porque têm muita força positiva!

4.1 - QUANDO AS EMOÇÕES DOMINAM A RAZÃO

Matilda Crabtree, 14 anos, queria fazer uma brincadeira com seus pais pregando-lhes um susto. No entanto, seus pais não sabiam que Matilda estava em casa, porque tinham certeza de a filha estar na casa de amigas naquela noite. Quando os pais entraram em casa ouviram ruídos. O pai pegou sua pistola e foi ao quarto da filha verificar. Matilda pulou do armário, o pai atirou atingindo-lhe o pescoço. Matilda morreu 12 horas depois.

O medo é uma emoção muito forte, quando em doses exageradas pode ocasionar consequências trágicas. O medo não é uma emoção negativa, se acompanhado de um pouco da razão. O medo mobiliza para proteger a família contra o perigo. Esse impulso levou Crabtree pai, a pegar a arma e a vasculhar sua casa em busca de um suposto invasor. O medo exagerado, sem controle, impediu verificar com mais cautela, e reconhecer aquele vulto a saltar do armário sobre ele, ser apenas a sua querida filha brincalhona, coisa de adolescente. Reações automáticas provavelmente ficaram gravadas no sistema nervoso, durante a penosa evolução e a necessidade de proteção e sobrevivência contra os predadores.

4.2 – AUTOCONHECIMENTO

Agir impulsivamente poderia ser entendido também como as emoções são capazes de influenciarem as vidas das pessoas.

Um fato ocorrido com o próprio Goleman, mostra que o medo com um pouco de razão pode evitar ações impulsivas e desastrosas. Em um dia de início da primavera andava ele de carro sob uma montanha no Colorado, quando uma rajada de neve encobriu seu veículo. A neve dificultava a visão da estrada. A reação foi parar no acostamento e com o coração disparado esperar o tempo melhorar. Meia hora depois a neve parou. Foi possível ver a estrada e continuar a viagem. Depois de percorrer alguns metros, foi obrigado a parar repentinamente, devido haver uma ambulância a socorrer um passageiro em um carro batido na traseira de outro carro. A colisão havia bloqueado a rodovia e se ele tivesse continuado a dirigir durante a tempestade de neve, sem poder ver a estrada com clareza, provavelmente teria também colidido com os outros carros próximos.

4.3 - PSICOPATAS VERSUS EMPATAS

Segundo os pesquisadores Steiner e Perry existem dois tipos de pessoas destinadas a terem poder na sociedade: os psicopatas, que nada sentem em relação à outra pessoa, não medem consequências para realizarem seus desejos e ambições. Enquanto isso, estão no outro extremo os empatas, apresentam profunda sintonia com os sentimentos daqueles que os cercam, eles estão sempre dispostos a ajudar.

Os psicopatas podem agir com facilidade sem as coerções que limitam outros mortais. Podem mentir, furtar, extorquir, mutilar e matar sem culpa. Quando exercem influência sobre outras pessoas podem ser tremendamente poderosos. Os psicopatas podem ser facilmente encontrados na política, nos negócios e até insuspeitos dentro da família.

Os empatas, por outro lado, ganham ascendência graças a suas aptidões emocionais altamente desenvolvidas para a cooperação. Empatas têm um dom inato para a empatia, a capacidade de compreender os sentimentos alheios. É uma capacidade que deve ser estimulada pela família e pelos professores, fortalecida ao longo da infância e adolescência. Seu talento para a cooperação afetuosa, para obter o melhor das pessoas, confere-lhes um poder que contrabalança os danos causados pelos psicopatas.

É preciso ter cuidado para não confundir empatia com simpatia. A pessoa simpática apenas diz o que a outra quer ouvir e procura agradar o tempo todo. Os pais simpáticos permitem todos os caprichos dos filhos. Procuram sempre agradar sem limites, nada têm a ensinar e criam os futuros psicopatas, incapazes de respeitar os direitos alheios. Os chefes, os professores, os médicos, entre outros, quando são apenas simpáticos, nada ensinam, porque não estabelecem regras claras, e permitem simplesmente a bajulação sem lições de vida.

As pessoas não são psicopatas nem empatas completos, mas podem apresentar uma preferência. Assim, o desenvolvimento da inteligência emocional por meio das práticas fornecidas pela Educação Emocional, procura encorajar a busca da empatia.

O mundialmente famoso orador e escritor Dale Carnegie narra um fato interessante, que pode servir para exemplificar como funciona a mente de um psicopata. Um homem foi preso e condenado a cadeira elétrica por assassinar brutalmente um policial. O assassino estacionou o carro em local proibido de uma estrada. O policial ao ver o carro estacionado em local proibido, dirigiu-se até o motorista e pediu para ver a licença. O motorista sem falar nada e nem tentar se explicar civilizadamente, sacou uma arma e atirou friamente no policial. Após o policial cair, o assassino não se dando por satisfeito, saiu do carro, pegou a arma do policial e atirou mais uma vez.

No dia que seria executado, ao chegar à câmara da morte, teria dito: "Isto é o que consegui por matar pessoas? " Em absoluto. É o que consegui por defender-me". Incrivelmente, esse fato mostra alguém que não sentia a menor culpa ou remorso por assassinar friamente uma pessoa. Ele não pensou sequer na possibilidade de o policial apenas chamar a atenção por estacionar em local proibido, e simplesmente pedisse para retirar o carro. Nem sequer pensou na família do policial.

"Passei os melhores anos da minha vida proporcionando os mais verdadeiros prazeres ao povo, ajudando-o a divertir-se, e tudo o que consegui com este meu gesto foi insulto e a existência de um homem caçado".

Quem pronunciou tal frase? Segundo Carnegie foi simplesmente Al Capone, naquela época era o inimigo público número um da América do Norte. Terrível chefe de uma das maiores organizações criminosas sediadas em Chicago. Al Capone não sentia a menor culpa ou arrependimento pelos seus crimes, julgava-se um benfeitor público perseguido. Esses fatos demonstram toda frieza e periculosidade de um psicopata, pessoa capaz de premeditar e praticar crimes hediondos para alcançar seus objetivos escusos.

ESPAÇO PARA ANOTAR SUAS REFLEXÕES

ESPAÇO PARA ANOTAR SUAS REFLEXÕES

ESPAÇO PARA ANOTAR SUAS REFLEXÕES

5 - A IMPORTÂNCIA DA EDUCAÇÃO EMOCIONAL

Os psicólogos Steiner e Perry vêm a Educação Emocional capaz de desenvolver três aptidões fundamentais:

- Capacidade de entender suas próprias emoções.

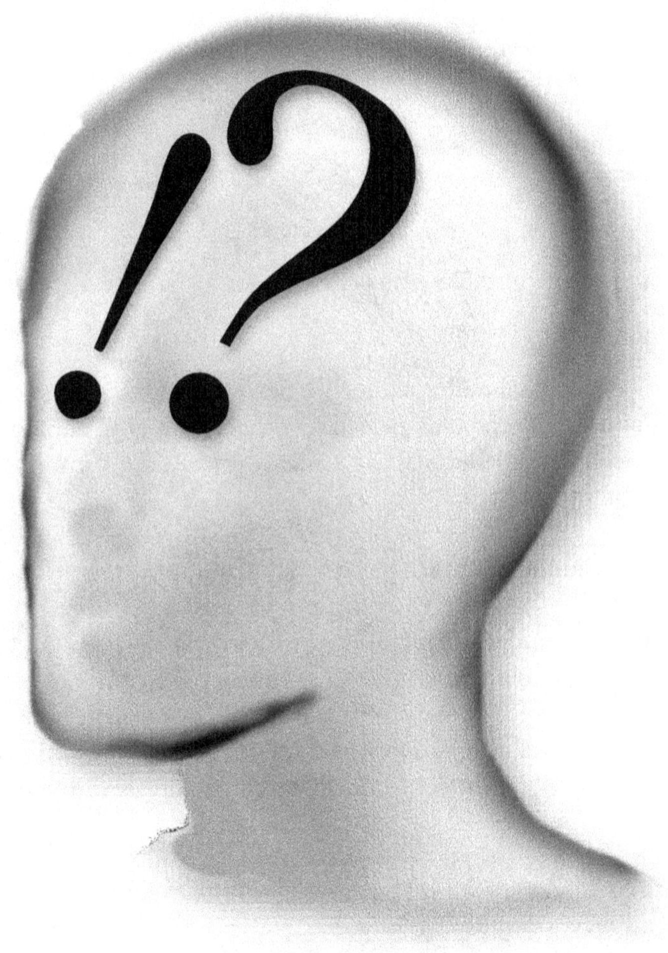

- Aptidão para ouvir as outras pessoas e empatizar com suas emoções.

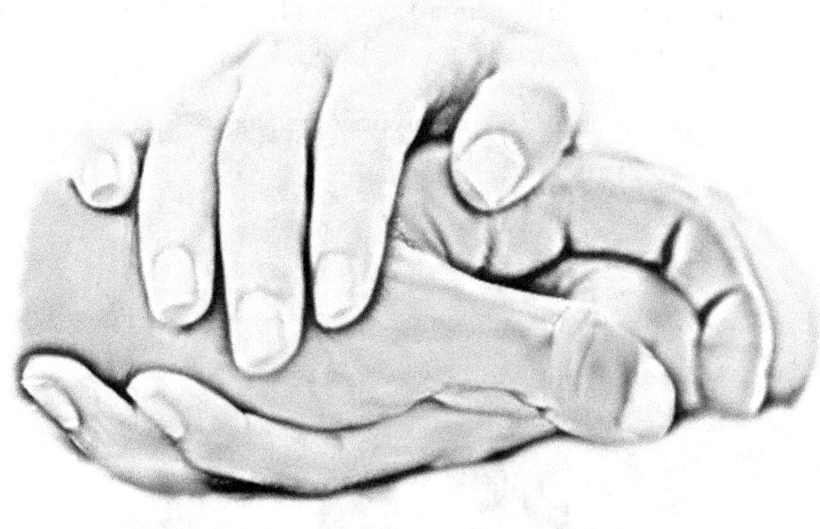

- A terceira aptidão consiste em ser capaz de expressar as emoções produtivamente.

Um indivíduo emocionalmente educado desenvolve seu poder pessoal, amplia relacionamentos com afeto entre as pessoas, torna possível o trabalho cooperativo e facilita o sentido de comunidade. Sem as emoções haveria um mundo de psicopatas. As emoções equilibram as ações.

Toda evolução da humanidade foi penosa. Em algum momento da história alguém obteve a compreensão e ajuda de um grupo de pessoas, assim foram capazes de entender a urgência da mudança. Esse é o primeiro passo para quebrar paradigmas aprisionadores da inteligência emocional. O segundo passo consiste em ter a coragem para fazer o que deve ser feito, sem importar se dará certo ou não. Na maioria das vezes, a história demonstra resultados positivos de ações efetivas, ações capazes de ultrapassar as expectativas, a ponto de criar paradigmas que levam a novas conquistas.

Todas as pessoas deveriam ingressar em alguma forma de Educação Emocional, afirmam Steiner e Perry, porque os equívocos emocionais são comuns e destrutivos.

Os noticiários estão cheios de exemplos. Pessoas bem-sucedidas com alto padrão de qualidade de vida se envolvem em situações trágicas, sem a menor possibilidade de reparar os danos emocionais. Normalmente, essas pessoas não pensam duas vezes antes de cometer alguma insanidade, por não terem aprendido dosar e equilibrar suas emoções. Outras vezes, algumas pessoas têm tempo de sobra para premeditar atos insanos; são pessoas que não se importam com os sentimentos do outro. Em qualquer um dos casos, essas pessoas desconhecem terem sido induzidas pela raiva, pelo medo, insegurança, ciúme, entre outras emoções destrutivas.

5.1 - QI VERSUS QE

Uma pessoa com QI ou Quociente de Inteligência alto não é mais importante do que outra dotada de alto QE, ou Quociente Emocional alto, afirma Goleman. Enquanto o Quociente de Inteligência QI pode ser calculado cientificamente e apresenta resultados confiáveis, o Quociente Emocional QE está em evolução, no sentido de obter medições e avaliações cada vez mais precisas e mensuráveis cientificamente. O Q.I representa 20% enquanto o Q.E apresenta 80% para uma pessoa obter bons resultados em suas relações pessoais e profissionais. Apesar disso, QI (racional) e QE (emocional) se completam.

Pesquisas da universidade de Harvard analisaram as vidas de muitos dos seus ex-alunos, dotados de altos QI e de grandes competências intelectuais, no entanto, não serem capazes de atingir o sucesso esperado em suas vidas, por apresentarem problemas de relacionamento resultantes de baixa competência emocional ou QE.

Uma pessoa com baixo QE poderá destruir em segundos, tudo que construiu durante anos com seu QI.

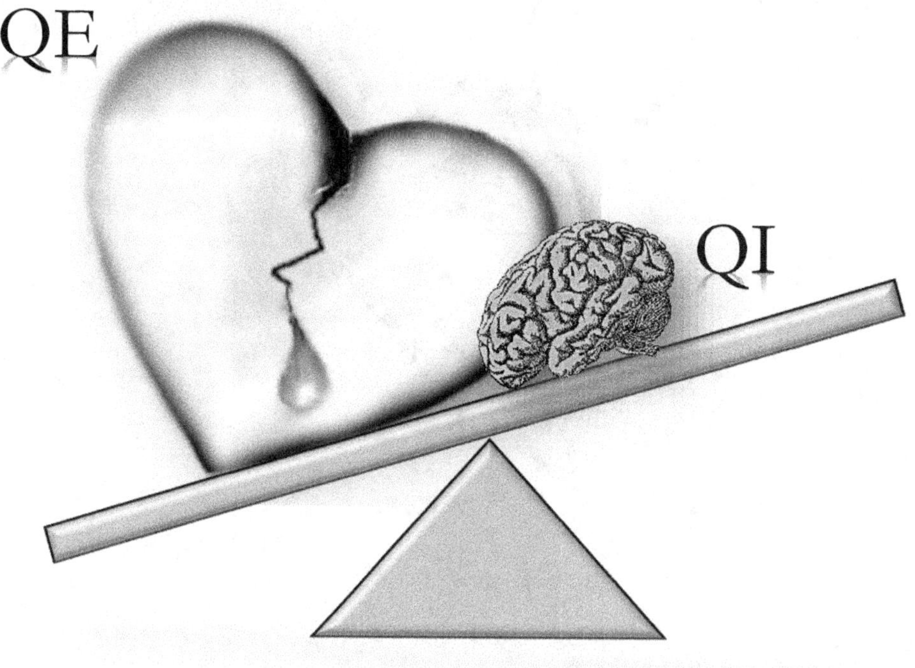

Um brilhante jovem estudante prestes a entrar para a faculdade de medicina dos seus sonhos, Harvard. Esse aluno colecionava conceito A. Certo dia recebeu um conceito B inesperado. Isso fez o estudante acreditar que seu grande objetivo estava em perigo. Profundamente decepcionado e se sentindo humilhado, o brilhante estudante resolveu levar para escola uma faca. Foi até o laboratório onde se encontrava o professor responsável pelo seu infortúnio. O estudante visivelmente transtornado iniciou uma discussão sobre seu descontentamento devido à avaliação do professor. O professor permaneceu irredutível. Aquele brilhante estudante dono de um QI invejável foi tomado por um acesso de raiva, que culminou em brutal assassinato quando cravou a faca no professor.

Um estudante brilhante se comportou como um estúpido. Ele nem sequer tentou argumentar civilizadamente com seu professor sobre o motivo de sua nota ter sido um pouco mais baixa do que as anteriores. O professor poderia ter cometido um erro e o aluno poderia aproveitar a oportunidade para praticar seu brilhantismo, se fosse capaz de convencer seu professor reconsiderar a nota menor. Então faria o uso consciente da empatia. Na pior das hipóteses o estudante poderia ter praticado a grandeza de ser humilde, reconhecer que ele não é infalível, e assim como todo ser humano seria passível de erro. Aproveitaria o erro para aprender um pouco mais.

O fato narrado procura demonstrar a imensa diferença entre a inteligência cognitiva QI e a inteligência emocional QE. As pessoas mais brilhantes intelectualmente podem se afogar nas paixões e nos impulsos desenfreados. Pessoas com alto QI podem ser pilotos incompetentes de suas vidas particulares. Há inúmeras exceções à regra ao considerar ser o QI único fator de sucesso.

O desenvolvimento do QE proporciona maior equilíbrio, consequentemente maior satisfação pessoal e profissional.

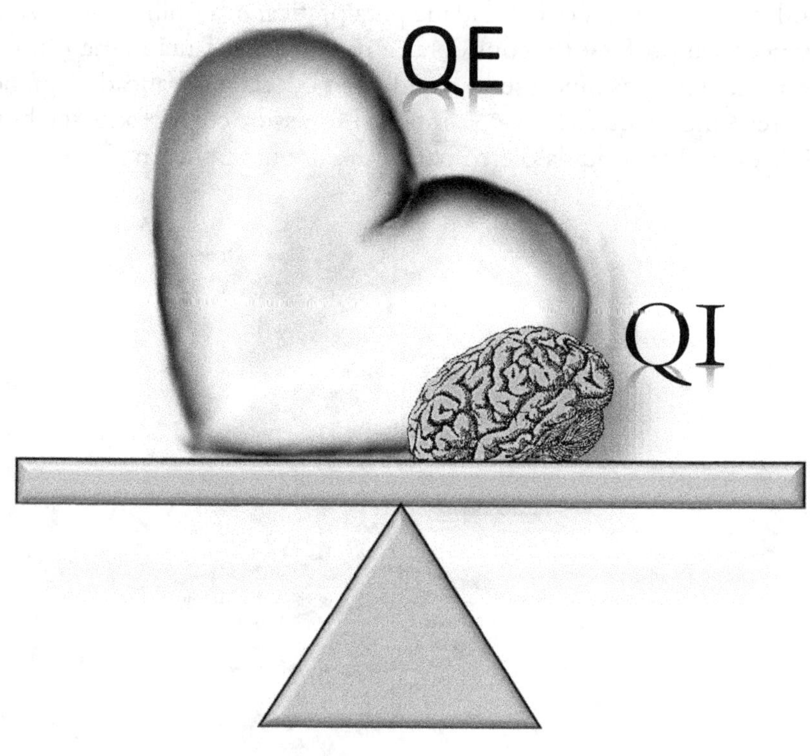

5.2 - ASPECTOS HISTÓRICOS E FUNDAMENTOS

As primeiras experiências científicas sobre inteligência emocional e educação emocional começaram nos Estados Unidos com crianças e adolescentes a partir dos anos 90, séculos XX. A educação emocional se relaciona fundamentalmente com a ciência do autoconhecimento. O Currículo da Ciência do Eu é considerado por Goleman um modelo para o ensino de inteligência emocional. Dá ênfase ao autocontrole das emoções para desenvolver a capacidade de reconhecer as forças, fraquezas e suas origens. Possibilita melhor compreender o que causa a ira, o medo, e a tristeza. Essa compreensão permite adquirir capacidade para lidar com tais sentimentos. O autoconhecimento estimula a aceitação de responsabilidades por nossas decisões, cumprir compromissos, ser cooperativo, e poder solucionar conflitos quando procura negociar soluções que satisfaçam a todos os envolvidos.

O conteúdo programático do Currículo da Ciência do Eu consiste nos seguintes itens:

- Autoconsciência: o maior desafio é identificar com maior precisão os pontos fracos e fortes da própria personalidade. Fazer autojulgamento é a tarefa mais ingrata que existe. É como se olhar diante do espelho e não gostar da sua própria imagem.

- Tomada de decisão pessoal: é a capacidade de reconhecer a necessidade de melhorar a própria personalidade e deixar ser ajudado.

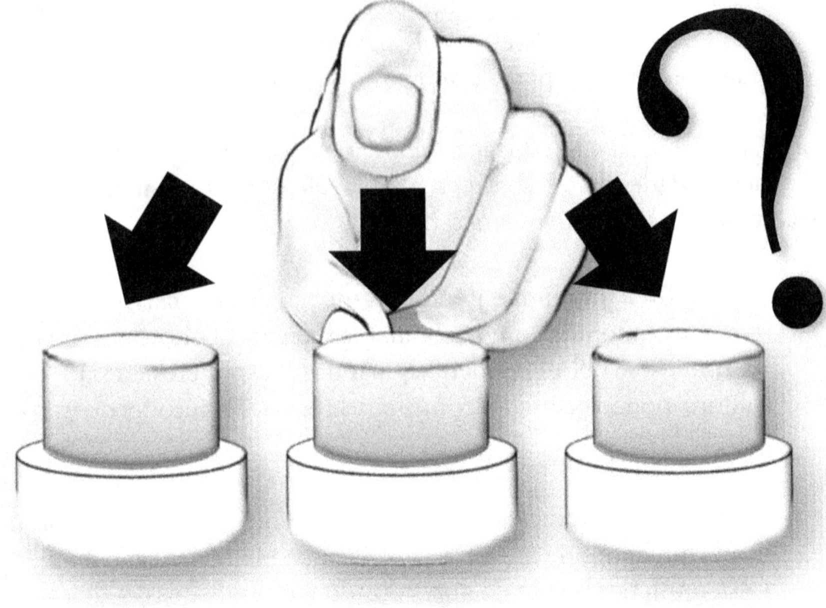

- Lidar com sentimentos e com a tensão emocional: entender porque os sentimentos fazem uma pessoa se comportar de determinada maneira, é um grande passo no sentido da evolução emocional.

- Empatia: ser atencioso e cooperativo na medida do possível proporcionar a harmonia para a boa convivência.

- Comunicação: saber comunicar-se com outras pessoas ajudam a abrir portas.

- Intuição: procurar prever as prováveis consequências dos próprios atos leva geralmente a decisões corretas, decisões que dificilmente levarão ao arrependimento.

- Autoaceitação: quem não se aceita como é, não pode contar com a aceitação do outro.

- Responsabilidade pessoal: agir com responsabilidade é promover a justiça.

- Assertividade: ser capaz de reconhecer valores e pôr os mesmos em prática.
- Dinâmica de grupo: a convivência envolve uma prática constante. Envolve cooperar com outras pessoas.

- Solução de conflitos: saber resolver conflitos é saber encontrar a melhor solução para as partes envolvidas. Quando a solução resolve o problema de apenas uma das partes, o conflito se mantém, não haverá harmonia.

Gottman afirma que a educação emocional começa na infância. Suas pesquisas sobre a necessidade de estabelecer alguns elementos básicos para o sucesso da educação emocional propõem cinco passos:

- Observar e procurar entender a emoção da criança: a criança pode expressar seus sentimentos com bastante veemência. O choro é a uma arma poderosa empregada pelos pequenos quando seus interesses são contrariados. O choro pode ser usado como uma forma de autodefesa e para impor seus caprichos.

- Entender a importância das manifestações emocionais, como criadoras de oportunidades de maior aproximação com a criança. Essa aproximação cria um ótimo ambiente de aprendizado e de transmissão de experiências.

- Escutar com empatia: conquistar a criança pelo real interesse pelos seus sentimentos. É preciso ter bem claro a grande diferença existente entre a empatia e a simpatia. A pessoa simpática apenas diz o que a outra quer ouvir, está o tempo todo procurando agradar. Para o aprendizado emocional das crianças é extremamente danoso, porque permite todas as vontades sem estabelecer condições e limites, não se estabelece regras claras de convivência.

- Encontrar uma palavra para definir a emoção: torna-se um exercício difícil, porém, capaz de estimular a criatividade da criança.

- Mostrar os limites com exemplos: não há nada mais frustrante para uma criança ouvir um não, sem saber o motivo da negação. Regras e limites claros ajudam a criança a resolver seus problemas.

A ciência moderna procura estudar a capacidade de relaxamento do ser humano, em busca de métodos capazes de serem avaliados. As experiências de Herbert Benson professor da Faculdade de Medicina de Harvard, Estados Unidos, direciona suas pesquisas para as técnicas de relaxamento.

Durante uma sessão de relaxamento são observadas as seguintes reações fisiológicas:

- Há estimulação do sistema nervoso autônomo, responsável pelo controle involuntário dos diversos órgãos do corpo.

- Ocorre uma diminuição dos batimentos cardíacos com a consequente diminuição dos processos automáticos do organismo.

- A respiração fica mais calma, com redução do consumo de oxigênio.

- A musculatura e o corpo relaxam. O efeito relaxante reduz a pressão do sangue, entre outros benefícios.

Benson observa ser o exercício constante de relaxamento uma terapia agradável, capaz de criar a sensação de poder controlar melhor as próprias emoções, consequentemente, quem controla as emoções controlam a própria vida. As mudanças não ocorrem imediatamente. A disciplina e perseverança, além da vontade de melhorar o estado emocional são fundamentais para obter bons resultados.

ESPAÇO PARA ANOTAR SUAS REFLEXÕES

ESPAÇO PARA ANOTAR SUAS REFLEXÕES

ESPAÇO PARA ANOTAR SUAS REFLEXÕES

6 - EDUCAÇÃO EMOCIONAL NA FAMÍLIA

As pesquisas do Dr. John Gottman sugerem a necessidade de começar a educação emocional no seio da família. Essa tarefa é a mais difícil, implicaria em quebrar paradigmas culturais milenares, insistentes em sobreviverem intocáveis, apesar de todo o desenvolvimento cultural e tecnológico atual.

Gottman reconhece a dificuldade dos pais para estabelecer limites aos filhos de forma emocionalmente consciente. A deficiência no entendimento dos limites causará sérios problemas de convivência na vida adulta e se tornam evidentes no ambiente de trabalho, onde alguns se comportam como se estivessem em suas próprias casas.

Quando não se conhece os limites, não saberá se relacionar com os colegas de trabalho de forma sadia, criam liderança negativa no sentido de captar adeptos com os mesmos problemas emocionais. Tal deficiência comportamental é facilmente percebida no momento crucial de uma entrevista para aquela vaga tão importante em uma empresa. Muitos candidatos são excluídos nesse primeiro momento, quando o emocional é testado por profissionais qualificados. Pessoas desequilibradas emocionalmente podem causar sérios problemas a si, aos colegas, a sociedade, quanto aos interesses da empresa.

6.1 - O ANALFABETISMO EMOCIONAL

Uma briga entre colegas adolescentes de um ginásio se transformou em provocações constantes. A vítima das provocações resolve dar fim a situação por conta própria. Armou-se de uma arma de fogo e a levou para a escola. Quando encontrou seus provocadores no corredor da escola, fez vários disparos a queima-roupa matando-os. Esse fato chocante é mais um que demonstra como as emoções descontroladas devido ao desconhecimento de como funcionam, levam a atos de pura irracionalidade, culminando em finais trágicos que poderiam ser resolvidos de forma pacífica. Esse fato demonstra claramente quanto é importante estabelecer práticas de educação emocional na escola.

O adulto com capacidade de inteligência emocional de um parvo poderá também aprender a evoluir emocionalmente, desde que seja pelo menos capaz de reconhecer sua ignorância emocional, e assim desejar aprender a desenvolver e equilibrar seu potencial adormecido ou bloqueado.

São inúmeros exemplos de pais equilibrados emocionalmente serem capazes de alfabetizar o emocional de seus filhos desde a infância, dando constantes exemplos de equilíbrio emocional, quando resolvem conflitos de forma tranquila e inteligente. No entanto, o inverso onde pais vivem em constante desarmonia, envolvidos em discussões por qualquer motivo fútil, chegando as agressões verbais e físicas, desenvolvem grandes chances de criar filhos desequilibrados, verdadeiros analfabetos emocionais. O analfabetismo emocional poderia também ser descrito como não saber ler e escrever as próprias emoções. Seria uma pessoa perdida em um oceano de sentimentos que não sabe lidar porque não os compreende.

Os pais equilibrados emocionalmente passam lições importantes para seus filhos. Pesquisadores chefiados por Carole Hooven e John Gottman, fizeram uma análise relacionada a interação emocional entre pais e filhos. Concluíram que os casais sintonizados emocionalmente, capazes de resolverem suas diferenças de forma inteligente e construtiva eram mais competentes no trato com os filhos. Conseguiam lidar com as frustrações dos filhos.

Pais que perdem a paciência facilmente, costumam elevar o tom de voz com os filhos quando se mostram indignados, devido aos filhos demonstrarem alguma dificuldade. Podem chegar ao ponto de tratar os filhos como idiotas, e assim criam obstáculos para o desenvolvimento emocional dos mesmos.

Características dos pais que apresentam dificuldades e inabilidade para lidar emocionalmente com os filhos, demonstram certos padrões comuns:

- Pais que ignoram as emoções dos filhos. Acreditam que certos problemas emocionais serão resolvidos com o tempo. Não procuram conversar com os filhos para saber o que os incomoda. São os pais simpáticos, que estão o tempo todo fazendo as vontades dos filhos. Não ensinam sobre limites e respeito mútuo.

- Pais excessivamente rigorosos, não estão interessados nas dificuldades dos filhos, pensam que o problema é meramente devido a mau comportamento. Não procuram o equilíbrio das ações. São excessivamente rigorosos e duros com os filhos. Não aceitam as queixas dos filhos. Desestimulam qualquer conversa franca.

Quando o pai ou mãe parar o que está fazendo para conversar com o filho: "Você não quer brincar com seu irmão"? "Ele brigou com você"? Obviamente a criança se sentirá segura para falar sobre o que a incomoda. Este é o gancho para o pai ou mãe aproveitar e mostrar que se os irmãos brigaram devido a alguma brincadeira, poderia ser sugerido brincar sozinho por enquanto, até estarem dispostos a brincarem juntos novamente. O filho percebe a atenção e carinho do pai ou da mãe e se sente empolgado a procurar um brinquedo novo. Brincar com o filho por alguns minutos também serve para fortalecer a confiança mútua. Obviamente é um pai ou mãe com o emocional equilibrado. Não adiantaria estar com vontade de "destruir o mundo" e querer brincar com o filho só por obrigação.

Uma forma construtiva e simples para discutir desavenças entre casais, poderia ser argumentar quanto o companheiro ou companheira se sente bem em presença do outro, no entanto, algumas coisas que ele ou ela faz incomoda. O companheiro ou companheira se sentirá feliz em ouvir tal declaração, se colocando sensível para saber como evitar o incômodo e tentar melhorar. Igualmente o outro poderá dizer o mesmo, e assim procurarem resolver essas pequenas diferenças.

Os pais conciliadores têm conhecimento das técnicas básicas de educação emocional. São capazes de entenderem que a raiva ocorre quando nos sentimos magoados. Com o crescimento as crianças adquirem maturidade e mais equilíbrio da inteligência emocional. Tornam-se capazes de reconhecer e controlar os sentimentos, desenvolvem a empatia e assim, podem lidar com os sentimentos gerados em seus relacionamentos.

Crianças que os pais estimulam desde bebê o desenvolvimento da inteligência emocional apresentam as seguintes características:

- Confiança - A criança apresenta o senso de que toda tarefa solicitada ela terá mais chance de acertar ao invés de errar. Não têm medo de pedir ajuda aos adultos para orientá-las. Domina melhor o próprio corpo.

- Curiosidade - Gostam de descobrir novos conhecimentos e experimentar o que aprendeu.

- Intencionalidade - São persistentes e buscam ser cada vez melhores.

- Autocontrole – Controlam suas próprias ações conforme a idade.

- Relacionamento. Se relacionam com facilidade.

- Capacidade de comunicar-se – apresentam facilidade de comunicação, demonstram respeito e afeição por todos em sua volta. Apresentam alta capacidade de liderança.

- Cooperatividade - São capazes de harmonizarem os desejos e sentimentos quando realizam atividades em grupo.

6.2 - APRENDIZAGEM EMOCIONAL BÁSICA

Um bebê acorda às três chorando. A mãe levanta e o atende prontamente, meio sonolenta, mas com um olhar de ternura para seu filho. Coloca-o no colo e deixa seu filho mamar tranquilamente, enquanto ele a olha com alegria no rostinho. Em seguida, o bebê contente e feliz volta dormir. A mãe coloca no berço com todo o cuidado e volta feliz para seu quarto. Em outra casa outro bebê também chora na madrugada. A mãe levanta sonolenta, mal-humorada pelo incômodo causado pelo filho, que só pede a presença dela. Coloca-o no colo com ar de insatisfação. Dá a mama com a cara feia, impaciente para o bebê mamar o mais rápido possível porque está "morrendo" de sono e tem de acordar muito cedo para trabalhar. O bebê percebe a insatisfação no rosto da mãe. Recusa a mama e faz cara de choro. A mãe visivelmente está prestes a explodir de raiva e o coloca de volta no berço, como se tentasse se livrar o mais rápido possível de tamanho incômodo. Esses relatos constam de relatório do Centro Nacional para Programas Clínicos Infantis. Servem de exemplo para ilustrar duas situações antagônicas. A primeira demonstra o carinho da mãe, a felicidade de estar com seu filho, e obviamente isso seu filho levará até a idade adulta, será uma pessoa compreensiva e afetuosa. Do lado oposto, será uma criança triste, frustrada, com sérios problemas de relacionamento e aprendizagem. Sofreram maus tratos, os quais não foram físicos, mas por atitudes e palavras de falta de amor. Provavelmente essas mães passaram pelos mesmos problemas.

Segundo o psicanalista Erik Erikson, tais situações se traduzem na criança sentir uma "confiança básica" ou uma "desconfiança básica". A aprendizagem emocional começa nos primeiros meses da vida e continuará durante toda a infância. Uma criança que não consegue brincar com seu brinquedinho de montar, pede logo ajuda a mãe ou pai, e logo é atendida com prazer. Isso passa confiança aos filhos porque sabem serão atendidos quando precisarem de ajuda. A criança desenvolve confiança nos pais e sabe que eles estão dispostos a ajuda-la quando elas não forem capazes de resolverem sozinhas um problema. Enquanto o contrário, a mãe ou o pai atende com rispidez e demonstra em atos e palavras um claro desinteresse ao apelo da criança. Quando uma ou outra maneira de comunicação entre filho e pais se torna constante, isso definirá se aquela criança será um adulto confiante, e não terá medo de pedir ajuda quando tiver alguma dificuldade, ou será um adulto inseguro, medroso e frustrado.

Vários estudos constataram que pais negligentes, excessivamente permissivos são piores dos que os que apenas não demonstram carinho para os filhos. Uma pesquisa realizada com crianças cujos pais eram negligentes concluiu serem as que apresentavam os piores resultados escolares. Apresentavam muita ansiedade, desatenção, apatia, retraídos e em casos extremos os mais agressivos. Segundo essas pesquisas, os três ou quatro primeiros anos de vida são realizados os primeiros aprendizados, os quais serão de fundamental importância para toda a vida. A aprendizagem emocional será a mais importante. O impacto causado por esse primeiro aprendizado terá consequências sérias. Cuidado para não confundir pais que passam confiança aos filhos, com pais permissivos e que realizam todas as vontades e caprichos sem limites, sem ensinar olhando nos olhos da criança, porque foi preciso dizer um não, ser mais rígido.

6.3 - OS JOGOS DO PODER

Os jogos de poder historicamente, segundo Steiner, sempre foram usados para obrigar o outro a fazer algo que não deseja. Abusa do emprego de ameaças, agressões psicológicas e finalmente agressões físicas. Uma análise mais apurada demonstra que todos as pessoas sem exceção, fazem parte de uma pirâmide de poder, onde cada nível se impõe sobre o nível imediatamente inferior, ao usar várias técnicas de coação. Muitos imperadores, principalmente na antiguidade, fazem parte de histórias de puro terror. Divertiam-se quando condenavam alguém aos castigos mais cruéis, muitas vezes por motivos fúteis. Nos dias atuais os castigos são mais sutis. Os piores são reservados para aqueles situados na base de sustentação da pirâmide do poder. O abandono é o principal.

Para ter o poder não precisa usar o medo de outras pessoas. Ao contrário, pode ser um empata, um conciliador, sem precisar abrir mão dos próprios sentimentos.

Para praticar os jogos de poder, são usadas basicamente duas formas de subjugar o outro. Uma delas é física e a outra psicológica. As duas formas citadas subdividem-se em grosseiro e sutil. Todas interagem e formam as quatro formas de controle, vistas em qualquer relação de poder:

- Grosseiro físico: impõe o poder pela agressão física. Esta prática de poder tem crescido assustadoramente. Não escolhe idade, sexo, posição social ou religiosa. Os sentimentos que levam a agressão física são movidos pela raiva, geralmente causadas por motivos banais.

- Grosseiro psicológico: é uma forma do jogo de poder que não atinge a agressão física, mas carrega forte carga emocional de violência, porque joga com o medo das pessoas. As táticas mais usuais são os insultos, ameaças, mentiras, mau-humor.

- Sutil, físico: a agressão física é mais sofisticada, porque não fere o corpo, fere o psicológico da pessoa agredida. Toques físicos, segurar com força, acarretam reações psicológicas capazes de intimidar.
- Sutil psicológico: tratar uma pessoa com descaso, fazer piadas sobre certos aspectos comportamentais e físicos de uma pessoa, desafiar, enganar, omitir e mentir.

ESPAÇO PARA ANOTAR SUAS REFLEXÕES

ESPAÇO PARA ANOTAR SUAS REFLEXÕES

ESPAÇO PARA ANOTAR SUAS REFLEXÕES

7 - EDUCAÇÃO EMOCIONAL NA ESCOLA

Ser um educador emocional significa conhecer profundamente e aplicar os princípios básicos da inteligência emocional.

A educação emocional não é fácil de implementar, porque o ser humano não é uma máquina programável. O ser humano pensa e age conforme seus sentimentos e interesses. É possível com treinamento diário amortecer os sequestros emocionais, capazes de anular qualquer pensamento racional. No ambiente da escola quando é preciso chamar a atenção de um aluno com mais veemência, quando o mesmo insiste repetidas vezes em causar o mesmo problema dentro da sala de aula, precisa ter também um conteúdo didático, e não uma simples descarga de raiva sem acrescentar nenhum ensinamento. As regras de convivência na instituição de ensino e as devidas punições devem estar bem claras, para que o professor não se transforme em refém de alunos desequilibrados emocionalmente, muitas vezes um caso para ser encaminhado para profissionais competentes.

Gottman em suas pesquisas, reconhece a importância dos limites. Ele afirma ser um dos princípios da educação emocional valorizar os sentimentos e as emoções do estudante permitindo-lhe sua livre expressão. Com tudo, tal liberdade de expressão dos sentimentos deve ter limites e regras claras. A natureza possui regras e limites claros, caso contrário haveria o caos ao invés do equilíbrio. Se alguma regra criar insatisfação generalizada, a mesma deve ser reavaliada até que atenda os interesses comuns, sem privilégio de qualquer parte.

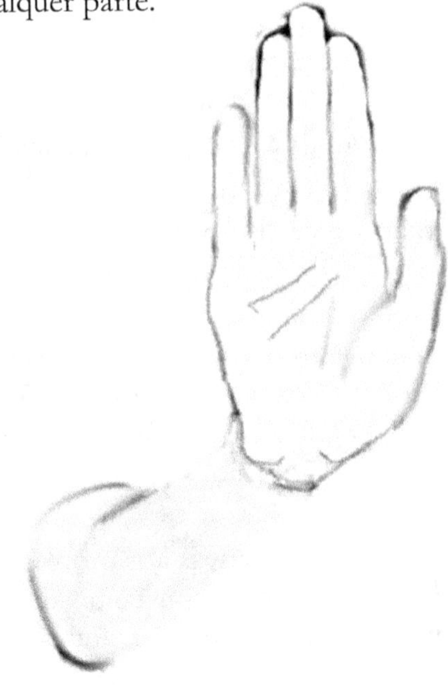

No Brasil, o professor Jair Santos foi o primeiro a criar uma disciplina sobre educação emocional. A disciplina permitiu fornecer dados importantes.

Os conceitos da educação emocional também foram aplicados em uma instituição de nível médio. A intenção foi disciplinar os alunos de forma a não usar os jogos do poder, subjugar. Procurou despertar a disciplina participativa, consciente. A experiência envolvia a administração, alunos, professores e pais. Consistia em aplicar anualmente o que se convencionou chamar Compromisso de Convivência:

- Não praticar ações que prejudiquem a si próprio ou qualquer membro da escola incluindo o patrimônio. O patrimônio da escola deve ser reconhecido como pertencente a todos e de vital importância para o perfeito funcionamento da instituição.

- Respeitar-se mutuamente e evitar críticas depreciativas sobre qualquer membro da escola. Mostrar a importância do respeito mútuo estimula o sentimento de responsabilidade.

- Ter sempre em mãos o material escolar para o bom desempenho em cada disciplina. O material escolar é a ferramenta sem a qual seria impossível desenvolver conhecimento de alto nível.

- Resolver as tarefas de casa no tempo determinado pelo professor. Criar o sentimento do compromisso faz aumentar a disposição para a cooperação mútua entre os professores e alunos.

- Entrar na sala de aula logo após soar o sinal de início da aula, estabelece o respeito aos limites das ações dentro da instituição de ensino.

- Não perturbar a aula. Respeitar o direito dos colegas de aproveitar ao máximo a capacidade de aprendizado.

- Não dificultar o trânsito nas dependências da instituição. Não praticar atividades como brincar ou fazer refeições em locais e horários inadequados, possibilita desenvolver o sentimento de respeito aos espaços adequados para cada função.

- Participar de soluções relativas aos problemas da escola. Esta talvez seja a mais importante das regras constantes do compromisso de convivência, porque estimula uma contribuição efetiva ao propor soluções.

- Ausentar-se da sala de aula só por motivo justificado e devidamente autorizado pelo professor. Esse compromisso aumenta a capacidade de respeitar e valorizar o professor, aquele cuja missão maior é ajudar os pais a mostrar para seus filhos os melhores caminhos para o presente e para o futuro.

Quanto às punições foram obtidos bons resultados com a criação do Conselho de Turma, eleito democraticamente no início do ano, com a participação dos alunos. As penalidades não são descritas pelo autor e como as mesmas eram aplicadas e avaliadas pelo professor. É uma iniciativa idealizada por uma pessoa, analisada e apoiada por outras. Vai dar certo ou não só é possível avaliar se for colocada em prática. Obviamente, as falhas existirão para serem corrigidas em comum acordo entre alunos, professores, pais e instituição de ensino, todos atentos ao processo.

Santos entende a educação emocional capaz de desenvolver a habilidade do autoconhecimento do estudante, ajuda a identificar emoções e sentimentos, dessa forma efetivar um controle consciente. No âmbito escolar a aplicação dos conceitos básicos da educação emocional requer apoio profissional de psicólogo, para dar suporte aos professores e alunos. É preciso ressaltar que a educação emocional é interdisciplinar, deverá também envolver todo o ambiente da Instituição de ensino inclusive a família.

A educação emocional pode abrir portas para equilibrar a sociedade e reconhecer as capacidades intelectuais daqueles que estão nos níveis mais baixos da pirâmide social. Ao invés de serem reconhecidos como meros serviçais sem importância, mas como colaboradores. Pessoas que podem e têm o direito de progredir intelectualmente, além de contribuírem mutuamente para se obter uma sociedade emocionalmente mais sadia e feliz. A liderança deve ser uma conquista a partir de exemplos, não um jogo sujo de interesses mesquinhos. A educação emocional no que lhe concerne também não pode ser considerada uma fórmula mágica inquestionável, um dogma, um manual para ser cegamente seguido sem reflexões e sem espaço para aperfeiçoamento.

7.1 - CUIDADOS AO APLICAR A EDUCAÇÃO EMOCIONAL

A Educação Emocional na escola tem a finalidade de ajudar o estudante adquirir atitudes e habilidades que permitam a identificação e o autocontrole de suas emoções com a prática da empatia, afirma Santos. Durante a aplicação da Educação Emocional na escola podem ser identificados casos psicopatológicos, que devem ser encaminhados para o devido tratamento em consultório por psicólogos, psicoterapeutas e psiquiatras.

As metodologias aplicadas devem ser necessariamente diferentes, porque enquanto no consultório o atendimento é feito individualmente ou em pequenos grupos, na escola o programa de Educação Emocional deve contemplar centenas ou milhares de estudantes. Devido a isso está a maior parte da dificuldade de operacionalização.

7.2 - CONDUÇÃO DO PROCESSO DA EDUCAÇÃO EMOCIONAL

O processo deve ser conduzido sob a supervisão de profissional da psicologia habilitada no trato das emoções, com participação de professores adequadamente treinados.

Accioly em seu trabalho intitulado Educação Emocional, o indivíduo vai desaprender as emoções programadas pelas influências recebidas durante a sua vida e reaprender as emoções inatas, reprimidas ao longo de sua vida.

Mais um fato revelador sobre a importância de valorizar a educação emocional a partir da educação infantil, é comprovada por Judy, quatro anos, uma criança que parecia deslocada entre seus colegas. Geralmente Judy não participava das brincadeiras. Surpreendentemente, quando sua professora faz o jogo da sala de aula, a pequena Judy mostra-se uma incrível observadora política e social. Judy demonstra uma sofisticada capacidade de observar os sentimentos das pessoas ao seu redor. O jogo consiste em colar as cabeças fotografadas dos colegas e professores num pequeno espaço representativo do ambiente da sala de aula. O objetivo do jogo é um teste de percepção social. Quando a professora pede a Judy para por cada menina e menino na parte da sala onde mais gostam de brincar, Judy faz as associações com precisão. Quando Judy é solicitada para por cada um dos colegas com quem cada um mais gosta de brincar, Judy mostra quanto sabe identificar e reunir os melhores amigos da classe.

A precisão demonstrada por Judy, uma garotinha de apenas quatro anos, revela uma enorme capacidade de perceber os interesses de cada um de seus colegas, a ponto de agrupá-los conforme os interesses comuns. Tal aptidão permitirá futuramente a pequena Judy ser brilhante em qualquer área de estudos humanos, tais como comércio, administração, até a diplomacia. A incrível capacidade de Judy para as relações sociais só foi possível identificar tão cedo, graças a um projeto desenvolvido pela Universidade de Tufts e aplicado à pré-escola Eliot-Pearson, no campus da mesma Universidade. O projeto consiste num currículo intencionalmente desenvolvido para cultivar vários tipos de inteligência, incluindo a inteligência emocional, objeto de análise deste trabalho. O projeto levou o nome de Spectrum e parte do princípio de que as aptidões vão muito além da estreita faixa de aptidões limitadas às palavras e números, tão valorizadas pelas escolas tradicionais. O projeto reconhece aptidões como a percepção social demonstrada pela pequena Judy, talentos que devem ser estimulados ao invés de ignorados ou até frustrados. O orientador por trás do projeto Spectrum é Howard Gardner, psicólogo da escola de educação de Harvard e também criador da teoria das inteligências múltiplas.

São inúmeros os motivos analisados até aqui que reforçam a necessidade de implementar e desenvolver a disciplina Educação Emocional no currículo das escolas, para desenvolver a inteligência emocional, desde o ensino fundamental até a profissionalização técnica ou superior. A disciplina educação emocional pode ajudar os futuros cidadãos a serem emocionalmente equilibrados, produtivos e mais felizes.

A inteligência emocional é algo possível de ser aprendido e desenvolvido em qualquer pessoa, desde é claro, a mesma esteja disposta a se educar emocionalmente. Para não deixar o desânimo tomar conta da nossa mente e do nosso corpo é preciso aprender técnicas de automotivação. Ter consciência de como as informações negativas influenciam e prejudicam o desenvolvimento e o relacionamento com as pessoas próximas. O passo inicial é a autoanálise, para compreender o que faz uma pessoa agir de determinada maneira.

7.3 – INTELIGÊNCIAS MÚLTIPLAS

O conceito das inteligências múltiplas foi desenvolvido pelo mundialmente conhecido pesquisador Howard Gardner. Segundo ele cada ser humano é único e tem uma habilidade a qual precisa ser desenvolvida. Dessa forma há a inteligência musical, matemática, esportiva, linguística, artística, entre outras. Se observa que as pessoas apresentam seu maior desempenho quando se dedicam mais a desenvolver sua inteligência predominante. Isso não significa que as outras inteligências não devam ser desenvolvidas, mas que a maior atenção seria a de maior expressão para uma determinada pessoa.

Os estudos de Gardner realmente abriram nova visão sobre as capacidades humanas e reforçam os estudos de Goleman, porque reconhece várias inteligências que estão intimamente ligadas aos sentimentos. Contudo, Goleman demonstrou quanto a inteligência emocional é sem sombra e dúvidas a mais importante.

Um grande artista pode ter um elevado nível de inteligência criativa, mas se tiver um QE baixo, poderá se deixar levar por suas emoções exacerbadas e destruir sua vida e de outras pessoas. Um grande cientista pode se entregar a um trabalho cujo resultado pode ser altamente prejudicial a milhões de pessoas. Esse brilhante cientista estaria se entregando as paixões emocionais criadas pelo seu trabalho, a ponto de se tornar cego as necessidades dos outros.

"O maior desafio é conhecer cada criança como ela realmente é, saber o que ela pode fazer e centrar a educação nas capacidades, forças e interesses dessa criança. " (*Howard Gardner*).

Gardner reconheceu as seguintes inteligências:

- Linguística – Relaciona-se com as palavras, escrita ou falada. É típica dos grandes oradores, seja um político, professor, escritor, advogados, juristas, e todos que apresentam alta capacidade criativa para a comunicação.

- Lógico - Matemática - Raciocínio lógico, relações numéricas, organização, solução de problemas, cálculos.

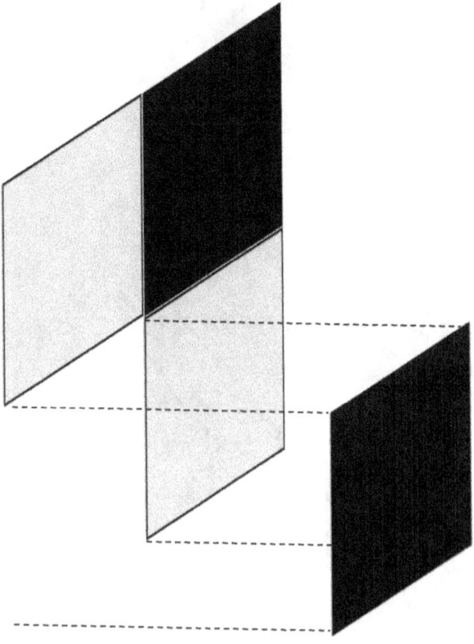

- Musical - Normalmente têm a capacidade auditiva muito desenvolvida. São capazes de distinguir notas musicais e conjunto de notas com muita rapidez. Aprendem a tocar qualquer instrumento com muita facilidade. Serão os futuros grandes músicos e maestros.

- Espacial - habilidade que capacita uma pessoa a se localizar em qualquer espaço, distinguir formas complexas e interpretá-las, percebe os mínimos detalhes dos objetos. São grandes artistas e cientistas.

- Corporal-cinestésica - capacidade para se expressarem com o próprio corpo. Habilidade muito desenvolvida para as artes da dança, e movimentos corporais de grande precisão. Bailarinos e ginastas.

- Interpessoal – Grande capacidade de comunicação, tem grande compreensão das necessidades dos que o cerca, têm capacidade altamente desenvolvida para o entendimento. Diplomacia e relações públicas são suas especialidades.

- Intrapessoal – Compreende a si próprio e tende a cometer menos erros porque reconhece seus pontos fortes e fracos.

- Naturalista – Reconhecem a beleza da natureza e sua importância para todos. Se sentem bem junto à natureza. Não confundir com os ecologistas de escritório.

Mais um exemplo muito interessante sobre os resultados positivos produzidos por quem apresenta alto QE Interpessoal, é descrito por Goleman.

Em uma tarde de agosto na cidade de Nova Iorque, calor sufocante, situação que deixa qualquer pessoa desconfortável e mal-humorada. Goleman retornava ao hotel e, quando entrou em um ônibus coletivo ficou surpreso com a atitude inesperada do motorista. Um negro aparentando ter mais de 50 anos e sorriso contagiante. Saudava a todos que entravam no veículo de forma extremamente amigável. Todos os passageiros pareciam mostrar surpresa com tanta gentileza, no entanto, poucos retribuíram a gentileza. Enquanto o coletivo se arrastava devido ao congestionamento, o motorista falava e mostrava entusiasticamente as inúmeras atrações em cartaz na cidade. Se mostrava encantado com tudo o que via. Até uma liquidação o fez ainda mais animado e feliz. "Olha aquela liquidação! ". "Vejam aquela exposição! ". "Viram o novo filme que estreou naquele cinema? ". Sua alegria e prazer de viver tocou os passageiros de uma maneira tal, a ponto de criar um clima amistoso entre as pessoas. Não parecia estarem em mais uma viagem estressante e desconfortável. Quando cada passageiro saltava do ônibus recebia um "Até logo! Tenha um lindo dia! ". As pessoas sorriam e retribuíam alegremente aquele homem simples e de bem com a vida!

Ao narrar esse fato, Goleman revela que essa lembrança o acompanha há muitos anos. Ele naquele momento acabara de concluir seu doutorado em psicologia, e concluiu que a psicologia da época pouco ou nada conhecia dos mecanismos da emoção. Ele também percebeu o bem-estar proporcionado pelo motorista aquelas pessoas dentro do ônibus, cada uma preocupada com seus problemas, muitos dos quais deveriam ser na maioria mesquinha, e concluiu ser o motorista um pacificador urbano, apenas sendo gentil e contaminando cada pessoa com sua felicidade de viver. Obviamente, mas um caso onde nada mudaria na vida daquelas pessoas, mas com certeza as fez repensar suas vidas, e tomar novas atitudes, inclusive pode ter mudado para melhor a vida de várias delas, de uma forma surpreendente!

Há um grande contraste entre a atitude de uma pessoa que desperta bons sentimentos nas pessoas, e um fato largamente divulgado na imprensa. Um garoto de nove anos se enfureceu com os colegas de sua turma na escola, devido a fazerem brincadeiras de mau gosto. Esse garoto num acesso de raiva derramou tinta nas carteiras, computadores, impressoras, incluindo um carro no estacionamento da escola, o qual pertencia a alguém que provavelmente, nada tinha a ver com o absurdo desrespeito praticado por seus colegas.

Um simples encontrão em meio a muitos adolescentes, terminou em empurrões e agressões, a ponto de um deles disparar uma arma automática calibre 38 contra outros adolescentes, que apenas se divertiam. Tal fato mostra mais um entre muitos exemplos de insanidade praticada por pessoas com baixíssimo nível de QE. Além de possuírem baixa autoestima, são pessoas que acham ser possível resolver qualquer desentendimento cometendo atos insanos, sem se preocupar com as consequências.

7.4 - EDUCAR EMOCIONALMENTE O EDUCADOR EMOCIONAL

Santos entende que a educação emocional tem estreita relação com valores. O educador emocional deve praticar o que ele prega. A educação emocional não dará bons resultados se diante de uma situação estressante, o educador emocional praticar o inverso de sua pregação. Para ensinar valores é preciso dar bons exemplos. A escola não pode ser um mundo a parte do mundo real. Por outro lado, os melhores exemplos devem ser dados pelos professores e pela instituição de ensino. O bom exemplo dos professores e da instituição é um ótimo reforço para que os valores da educação emocional tenham significado, e os alunos entendam a sua importância.

A necessidade de educar o educador emocional é citada por Gottman. O educador emocional precisa adquirir a consciência de seu universo emocional. Ele deverá fazer um trabalho de autoconscientização de suas emoções e adquirir a capacidade de reconhecer e lidar com as próprias emoções, as emoções dos alunos e também com as emoções das pessoas ao seu redor, quando uma situação problema surgir.

ESPAÇO PARA ANOTAR SUAS REFLEXÕES

ESPAÇO PARA ANOTAR SUAS REFLEXÕES

ESPAÇO PARA ANOTAR SUAS REFLEXÕES

8 - EDUCAÇÃO EMOCIONAL NA EMPRESA

O psicólogo-consultor Dr. Hendrie Weisinger especialista na aplicação da inteligência emocional no trabalho, é reconhecido pelas grandes corporações que reconhecem a importância de seu método para desenvolver as potencialidades de seus funcionários.

Grandes corporações procuram proporcionar cada vez mais qualidade de vida no trabalho (QVT), de modo a reduzir o estresse negativo. Bowditch e Buono levantaram a questão sobre os efeitos visíveis que as boas condições de trabalho têm no bem-estar de um indivíduo, quando permite reais oportunidades de desenvolvimento e crescimento dos funcionários.

Em uma grande empresa, um dos gerentes foi designado para dar uma má notícia de fim de ano a um grupo de funcionários. O gerente visivelmente mal-humorado e irritado com a incumbência chamou os funcionários para se reunirem em sua sala. Comunicou de forma ríspida a decisão da diretoria de desativar aquele departamento, devido ao resultado negativo anterior. O gerente teve uma atitude desdenhosa, demonstrou pouca importância ao fato, disse friamente ser preciso desocupar a sala imediatamente, para a nova equipe assumir sem demora. Os funcionários despedidos se sentiram elementos descartáveis que devem ser jogados imediatamente no latão de lixo antes de sujar todo o ambiente. Esses funcionários sabiam quanto se dedicaram para tentar reverter tal situação difícil. Ao invés de se sentirem tristes, o sentimento foi de um forte sentimento de raiva por tamanha desconsideração. Eles saíram daquela sala e foram para a diretoria. Decidiram que só sairiam dali quando alguém explicasse o motivo de tanto desrespeito. A insatisfação foi tão grande que foi preciso designar outro gerente para conversar com os funcionários demitidos.

O segundo gerente chegou, pediu desculpas pelo ocorrido e com atitude respeitosa pediu para todos se aproximarem até ele. Olhou firmemente nos olhos de cada funcionário, disse não estar de acordo com a decisão da diretoria, porque ele sabia o quanto era difícil aquele trabalho, quanto não eram devidamente valorizados pelo esforço e dedicação. Infelizmente, a diretoria tem a última palavra. Esse gerente apertou a mão de cada funcionário com firmeza, olhou nos olhos e desejou muita sorte na próxima empresa. Concluiu ao dizer para o grupo que talvez a diretoria venha a se arrepender, por ter perdido bons funcionários para o concorrente.

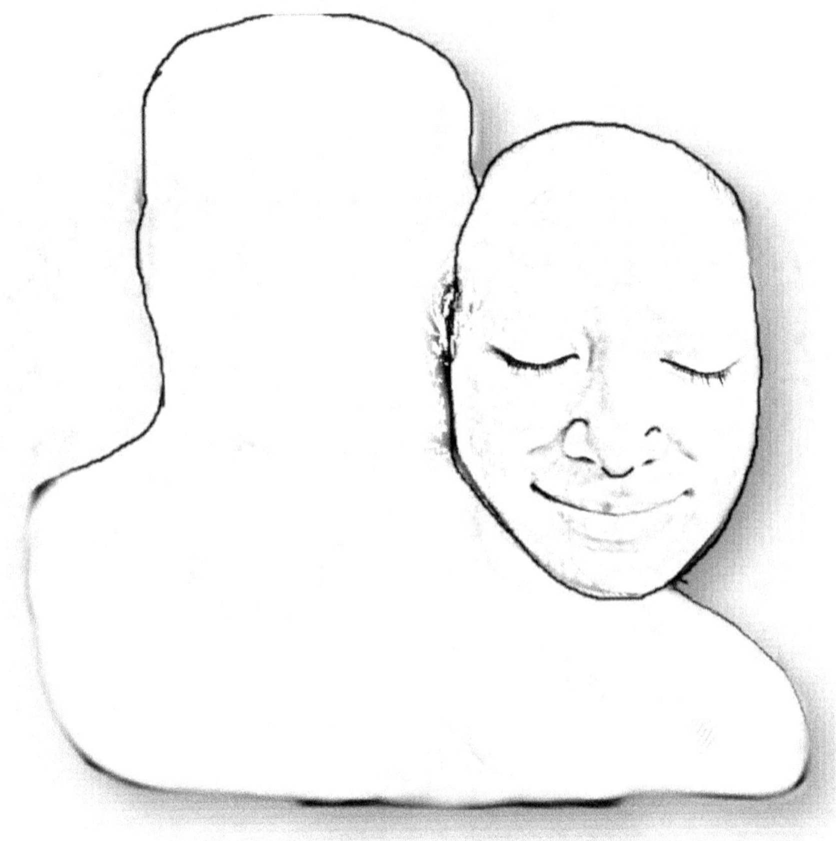

A presença do novo gerente não mudou em nada a situação da demissão de todo um departamento daquela empresa. A grande mudança ocorrida foi o respeito pelas pessoas, pois, além de reconhecer estar perdendo bons funcionários, talvez devido a uma decisão equivocada da diretoria, provavelmente por causa de dificuldades financeiras momentâneas. Tal atitude de respeito e reconhecimento transformou completamente aquele ambiente pesado, para um ambiente onde cada um fez questão de cumprimentar o gerente e saíram reanimados, sorrindo cumprimentando-se mutuamente e fazendo planos.

Sem dúvida, esse outro gerente foi um grande conciliador, capaz de entender a situação difícil enfrentada por aquelas pessoas. Ele foi um grande pacificador, um grande solucionador de problemas, um grande educador emocional. Provavelmente, pouco tempo depois de ocorrer aquela bela reunião, pode ter surgido um novo grupo de trabalho, uma nova empresa de sucesso. Lições de harmonia e entendimento mútuo foram dadas e aprendidas.

8.1 - EDUCAÇÃO DO PODER

Dale Carnegie demonstra através de mais um fato, como a forma de um chefe se posicionar diante de seus comandados, pode ser a diferença entre atingir objetivos de forma satisfatória sem ressentimentos, ou criar antipatias com os membros da equipe.

Um coordenador de segurança de uma grande empresa de engenharia fazia a fiscalização dos operários para garantir a máxima segurança dos empregados. As normas exigiam o uso obrigatório de capacete. No entanto, quando encontrava um grupo de trabalhadores sem capacete, aplicava sua autoridade e exigia o imediato cumprimento das normas de segurança. Os operários com medo de punição imediatamente obedeciam. Bastava o coordenador se afastar daquele setor, para algum tempo depois encontrar os trabalhadores novamente sem os capacetes.

Ao invés de ter um acesso de raiva e arrogância, ser obrigado a dispensar bons trabalhadores, resolveu agir de outra forma. Logo que encontrou um grupo sem capacete, procurou saber dos operários se o capacete causava algum desconforto, ou atrapalhava o serviço. Com tom de voz amistoso, como se estivesse entre velhos amigos, mostrou a eles a importância do uso do capacete, o qual protegeria contra impactos de objetos que poderiam cair sobre suas cabeças e causar graves ferimentos potencialmente fatais. O resultado foi surpreendente! Os trabalhadores passaram a fazer questão de usar os capacetes. Aquele chefe passou a ser visto como alguém que se preocupava com a segurança deles. Um gesto tão simples mudou completamente uma situação de poder, trazendo benefícios para os operários e para a empresa.

Gottman infere quantas vezes no ambiente de trabalho não se tem a consciência de que o tom de voz aumenta gradativamente, ao acompanhar o aumento de irritação com um cliente mais exigente. Com o conhecimento dos fundamentos da educação emocional, torna-se fácil lembrar a importância desse cliente para a empresa e consequentemente para cada profissional dessa empresa. Quando se adquire os conhecimentos básicos da educação emocional cria-se a capacidade de não deixar as emoções mais primitivas agir de surpresa. O sentimento de raiva é desarmado. Assim, o profissional impaciente com o cliente devido a excessos de exigências, será capaz de dosar com mais eficiência o tom de voz, e inteligentemente explicar ao cliente não ser possível atendê-lo, porque tais exigências não estão disponíveis naquele momento, ou ferem as normas da empresa.

Tudo será feito dentro do possível para resolver seu problema. Provavelmente aquele cliente se acalmará e entenderá que alguém lhe deu ouvidos e demonstrou interesse e respeito.

Melburn Mcbroom era aquele tipo de chefe autoritário, que intimidava os seus comandados pelo seu famoso mau gênio. O agravante era ele levar seu mau-humor para dentro de uma cabine de comando de avião, onde era o comandante. Em 1978, quando a bordo do avião ao seu comando, um avião com mais de 200 passageiros, ao se aproximar do aeroporto de Portland, Oregon, percebeu uma falha no trem de aterrissagem. O comandante seguiu o procedimento padrão de subir até uma altitude segura e dar voltas em torno do aeroporto, enquanto se buscava solucionar o problema. No entanto, os copilotos observaram o medidor de combustível indicar uma queda rápida. Com receio da reação agressiva do comandante ficaram calados. O avião perdeu altitude, o comandante perdeu o controle da aeronave e caiu. Todos morreram.

As companhias aéreas reconhecem atualmente ser vital o bom relacionamento entre comandantes e tripulação, para fatos dessa natureza não se repetirem. As estatísticas demonstraram que oitenta por cento dos acidentes aéreos ocorrem por falta de sintonia e harmonia entre os tripulantes. Além do conhecimento técnico indispensável, os pilotos são também treinados para reconhecer o valor do trabalho em equipe e cooperação mútua. O treinamento procura desenvolver a habilidade para escutar, avaliar e reconhecer como válida uma crítica construtiva feita por qualquer membro da tripulação. Este exemplo se estende a qualquer corporação quando se atesta queda de produtividade, erros frequentes, acidentes, insatisfação dos clientes devido a problemas diversos.

Perdas de bons funcionários para a concorrência, geralmente é devido a outra companhia oferecer um melhor ambiente de trabalho. Os baixos níveis de produtividade geralmente se devem ao baixo nível de inteligência emocional. Os diretores da empresa-problema desconhecem ser o equilíbrio emocional um patrimônio de uma empresa emocionalmente equilibrada e eficiente. Desdenhar os benefícios da aplicação em larga escala da educação emocional dentro do ambiente de trabalho, é negligenciar a saúde financeira da empresa.

Pesquisas com diversos administradores revelaram a descrença de alguns sobre os benefícios de um programa para desenvolver e equilibrar o emocional dos seus empregados, apesar dos inúmeros exemplos sobre os benefícios da educação emocional, há a ideia de perda de autoridade. Pensam esses administradores que valorizar o emocional dos funcionários poderia provocar o enfraquecimento da linha de comando e levar ao fracasso as metas estabelecidas. No mundo dos negócios, segundo algumas opiniões dos pesquisados, são necessárias decisões duras.

A prática de premiar o chefe duro e insensível às dificuldades dos seus comandados, ser uma prática obsoleta. O chefe atual tem de sintonizar com sua equipe. Procurar ajudar de forma objetiva a solucionar problemas. A hierarquia opressora começou a mudar para uma hierarquia cooperativa a partir da década de oitenta do século vinte. Pessoas angustiadas por um sistema de opressão são emocionalmente perturbadas, porque têm medo de expressar suas preocupações e receios. Sofrem bloqueios, não lembram, não acompanham, não conseguem aprender ou tomar decisões claras. Tal fato culmina em resultados desastrosos financeiramente para a empresa.

8.2 - EMOÇÃO E MOTIVAÇÃO

Alguns administradores pensam motivar quando fazem críticas ásperas. Muitas dessas críticas têm um forte componente de sarcasmo, desprezo, humilhação e até ofensas verbais. Esta é a pior maneira para motivar uma pessoa. O resultado é colocar a pessoa criticada na condição de ofendida e desprezada, dessa forma, a mesma passa a manter-se numa condição defensiva, além de criar ressentimentos. Pessoas ressentidas trabalham ao contrário, de modo a prejudicar sutilmente o resultado.

No mesmo grupo pode haver pessoas passivas que ficam esperando sempre pelos outros, não sugerem e não são estimuladas para tal. Para o grupo funcionar harmonicamente é preciso o entendimento de como funciona um grupo harmonioso. A educação emocional pode ser um ótimo instrumento para esclarecer e sintonizar as pessoas no sentido da cooperação mútua. As pessoas emocionalmente educadas entenderão melhor o mecanismo das relações dentro de um grupo de trabalho, serão capazes de abrir espaço para a participação de todos.

Se o grupo se caracteriza por constantes atritos, ou por uma liderança exageradamente concentradora, não se podem esperar os melhores resultados.

Quando se faz uma crítica, é preciso não desmerecer o trabalho daquela pessoa. Deve mostrar como ela pode melhorar, de forma construtiva e ensinando a fazer com entusiasmo, sem cara "amarrada". Um exemplo de uma crítica desastrosa é aquele onde se dirige com tom de irritação e diz está tudo errado e se assim continuar, não será mais possível continuar a desempenhar tal função. Ao contrário, se a crítica for construtiva no sentido de dizer que o esforço foi bom, mas era preciso fazer algumas melhorias e inclusive sugerir soluções. Neste último caso, a pessoa criticada não se aborreceria e se colocaria aberta e atenta para ouvir as sugestões no sentido de solucionar o problema. Além disso, a sensação da pessoa criticada seria de ter um chefe disposto a ensinar e colaborar.

O chefe cooperativo sempre obterá os melhores resultados porque o seu subordinado se sentirá agradecido e fará tudo para não decepcionar aquele chefe, capaz de analisar seu trabalho com respeito, e está sempre disposto a ensinar. Uma crítica habilidosa valoriza o trabalho realizado por uma pessoa, mostra ser possível fazer melhor a partir de sugestões viáveis. Escutar também é preciso. Deixar os liderados à vontade para opinar sem receio proporciona tranquilidade para criar.

O trabalho em grupo é imprescindível em qualquer organização. Dentro de um grupo existem vários tipos de talentos. Um tem talento para a oratória, outro para a criatividade, outro para a tecnologia, entre muitos outros.

Nada adianta reunir tantos talentos, se os mesmos fizerem parte de um grupo onde não se sintam à vontade para opinar. Há grupos onde uma determinada pessoa monopoliza as ações e inibe a participação dos demais.

Para Weisinger a emoção é uma ferramenta que pode proporcionar o sucesso no local de trabalho. A educação e desenvolvimento da inteligência emocional podem criar lideranças com credibilidade suficiente para o sucesso de qualquer empresa, sem a necessidade de impor jogos de poder. Qualquer pessoa expandir a autoconsciência, mas deve ser dado um período para a pessoa se adaptar, e seja capaz de analisar suas reações com relação aos estímulos provocados por outras pessoas no ambiente de convivência, principalmente no ambiente de trabalho muito mais desafiador. Muito importante é aumentar a atenção para os próprios sentidos.

Os sentidos podem enganar, porque podem passar informações equivocadas. As avaliações inconscientes, apenas com base nos sentidos podem levar ao erro. Devido a isso é preciso aumentar a atenção e separar o que realmente importa ou o que não passa de distorções da percepção, ou ruídos de percepção. Quanto maior for a capacidade de autoconsciência, maior será a capacidade de rejeitar qualquer informação irreal e perceber a diferença entre informações puramente sensoriais e informações reais.

"Aprendendo a prestar atenção em seus sentidos você será capaz de examinar, esclarecer e alterar suas avaliações sempre que necessário". (*Hendrie Weisinger*).

Os pensamentos automáticos fogem do controle de qualquer pessoa porque são espontâneos, e não raro causam ansiedade. Por outro lado, os diálogos internos, aquelas conversas que as pessoas têm com elas próprias são construtivas, ajudam a reduzir os efeitos negativos dos pensamentos automáticos.

"Descobri que funciona bem nessas situações é redirecionar essa energia para alguma atividade que nada tenha a ver com a situação em questão". (*Hendrie Weisinger*).

As conversas internas amenizam as alterações fisiológicas e as atitudes. Muitas pessoas falam sozinhas, numa tentativa de entender e resolver algo que incomoda.

Segundo Weisinger existem quatro fontes de motivação para as pessoas alcançarem seus objetivos:

- Primeiramente a pessoa deve procurar motivação em si mesma, pensar positivamente, pois, os pensamentos positivos são importantes para manter a motivação viva.

- Desejar e imaginar a posse do desejo tem uma força poderosa para não desviar dos objetivos.

- Fazer imagens mentais dos desejos e objetivos ajuda a realizar o real.

- Planejar um objetivo é um forte estímulo para exercitar a imaginação e mantém a pessoa em constante movimento em direção ao objetivo.

"A motivação é intrínseca a seres humanos e animais, e é movida por um aumento na excitação física, uma demanda de esforço". (*Hendrie Weisinger*).

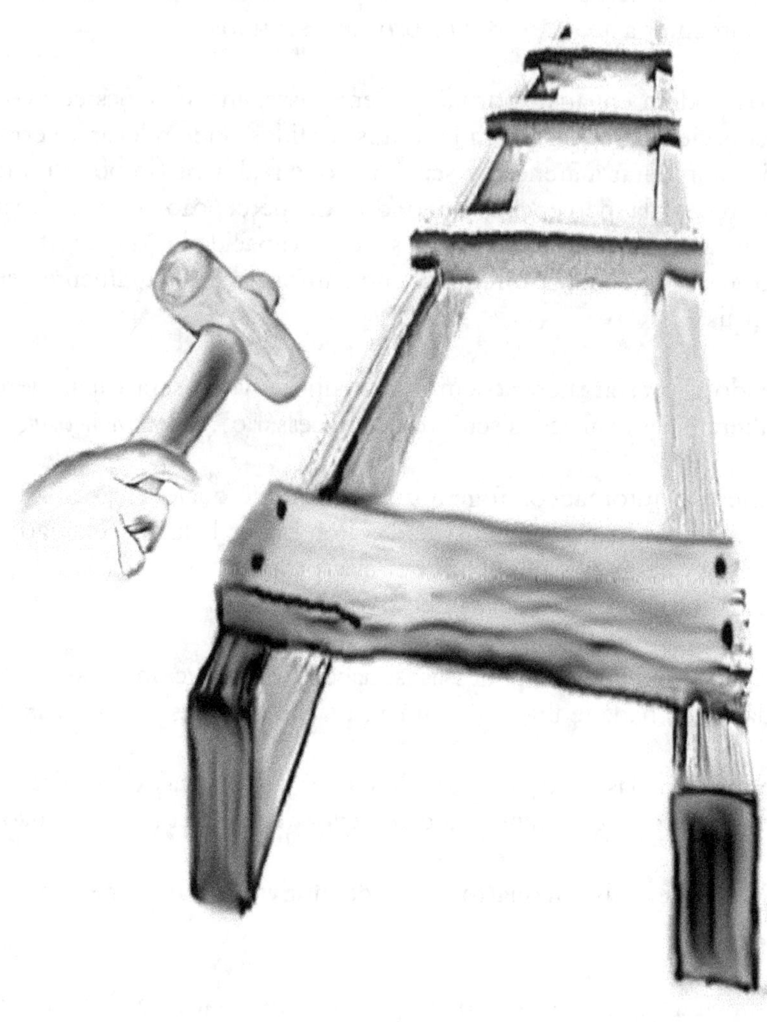

"As técnicas de comunicação são de importância fundamental para sua inteligência emocional, e seu valor no local de trabalho é incalculável" (*Hendrie Weisinger*).

A comunicação permite unir pessoas e aumenta a capacidade de interação mútua, ajuda a compartilhar ideias, informações e conhecimentos. Sem aprender e praticar os rudimentos e técnicas relativas à educação emocional, não será possível manter o grupo coeso e produtivo. Um funcionário pode ser muito inteligente e esforçado, além de bem informado na área de atuação, mas se carecer de destreza nas relações com os colegas, ele obterá resultados insatisfatórios.

" Além disso, ela fornece as técnicas da comunicação – desde a autorevelação até a escuta dinâmica e a positividade – que possibilitam estabelecer um vínculo com outra pessoa de maneira mais adequada ". (*Hendrie Weisinger*).

8.3 - MEDIR E AVALIAR A INTELIGÊNCIA EMOCIONAL

É possível conhecer o quociente emocional de cada membro da empresa, quando se toma por base as respostas emocionais. Os estudos de Robert Cooper possibilitaram a criação de um método conhecido como Teste EQ-MAP. Este teste se baseia em um mapa do quociente emocional do profissional. O método consiste em calcular e quantificar a inteligência emocional. Assim, o estudo e aplicação da educação emocional nas empresas deixariam de ser algo meramente filosófico e passaria a ter um conteúdo científico, um conteúdo mensurável. Qualquer empresa interessada em aplicar o método pode integrá-lo aos valores e estratégias, e assim poderá alcançar resultados positivos e surpreendentes com relação ao autoconhecimento e autodesenvolvimento dos seus funcionários.

A construção do Mapa para quantificar o Quociente Emocional QE é realizada ao se utilizar 258 questões. Essas questões geram respostas que posteriormente serão analisadas e resultam em um gráfico aplicado individualmente. A estrutura do mapa se baseia em 20 escalas subdivididas em cinco seções. Depois da análise dos resultados são buscados três objetivos:

• Manter-se eficaz sob intensa ansiedade, a emoção sob controle consciente.

• Com base na empatia construir relacionamentos seguros, cooperativos.

• Usar as emoções criativamente, estimular as inovações, abrir espaços para sugerir.
Os três objetivos citados anteriormente são uma proposta, um ponto de partida e não algo acabado, sem a possibilidade de ser adequada às necessidades de cada empresa. A organização pode escolher um único objetivo a ser alcançado, dois objetivos ou todos, dependendo das responsabilidades de cada cargo. Só após a

definição do objetivo ou dos objetivos a serem alcançados para cada competência funcional, seriam desenvolvidas as medições.

O gráfico do QE de um profissional é construído com a utilização de uma ferramenta muito importante, as próprias respostas emocionais. Isso facilita identificar pontos emocionais fortes e fracos. Assim, é possível permitir ao avaliado visualizar e conhecer os seus pontos fortes em relação aos fracos. O autoconhecimento das potencialidades e fraquezas permite desenvolver um equilíbrio emocional e ser possível procurar melhorar gradativa e conscientemente, mais natural sem pressões. Caso um ou mais objetivos não sejam atingidos é preciso rever o processo, para identificar as possíveis falhas com a ajuda do próprio avaliado. O profissional terá várias chances para ele mesmo analisar o desenvolvimento de suas habilidades emocionais, e evoluir seus relacionamentos objetivos e subjetivos. O teste EQ-MAP fornece mais uma possibilidade para aplicação prática da educação emocional na empresa, porque permite uma nova concepção de educação.

Cooper, Goleman, entre tantos outros estudiosos da inteligência emocional chegaram às mesmas conclusões sobre educação emocional: O QE é responsável pela eficiência e eficácia do QI.

ESPAÇO PARA ANOTAR SUAS REFLEXÕES

ESPAÇO PARA ANOTAR SUAS REFLEXÕES

ESPAÇO PARA ANOTAR SUAS REFLEXÕES

9 - CONSIDERAÇÕES FINAIS

Steiner vê na educação emocional, não um meio para mudar as outras pessoas. A educação emocional procura orientar na direção de um caminho possível de entender e melhorar a si próprio.

Gardner abriu as portas do estudo da inteligência emocional com seus estudos sobre inteligências múltiplas. Ele demonstrou em seus estudos, não ser a inteligência cognitiva a única forma de expressar as capacidades de uma pessoa, mas existem vários tipos de formas de inteligências. Geralmente, uma pessoa carrega uma carga maior para uma das inúmeras inteligências.

Os estudos de Goleman sintetizam todas as inteligências em uma fundamental, a inteligência emocional, ao revelar como as emoções podem influenciar a vida de cada pessoa no sentido de contribuir para o sucesso ou fracasso em qualquer atividade. As pessoas equilibradas emocionalmente se tornam líderes carismáticos, se comparadas a uma pessoa dotada apenas de alta capacidade cognitiva, tecnicamente conhecida por QI. O QE é a única das formas de inteligência apta a ser aprendida eficazmente por qualquer pessoa, observando-se os limites que poderão dificultar o aprendizado.

Weisinger verificou ser a emoção uma ferramenta adequada e que pode garantir o sucesso no local de trabalho. Assim, a educação emocional pode criar lideranças com credibilidade suficiente para garantir o sucesso de qualquer empresa, sem a necessidade de impor jogos de poder. Para isso, é preciso revisar a concepção de ser humano e de sua relação consigo próprio, com os outros, com o mundo e consequentemente a formação de um novo modelo de profissional competente e cooperativo. Tudo que fazemos envolve a emoção.

Cooper procurou desenvolver técnicas capazes de mensurar o nível de QE. As respostas emocionais possibilitam avaliar e quantificar o quociente emocional de cada membro da empresa. Os estudos de Cooper aplicados à educação emocional nas empresas, deixou de ser algo restrito e passou a ter um conteúdo científico, algo que pode ser medido.

Por tudo isso, a educação emocional não deve ser transformada em mais um modo sutil de controle inquestionável, um dogma sem possibilidade de uma análise crítica fundamentada nos resultados das pesquisas atuais. Além disso, os casos mais complicados de distúrbios emocionais deverão ser acompanhados por profissionais da psicologia e psiquiatria, para criar grupos de trabalho, capazes de avaliar e traçar o caminho mais adequado a cada caso.

REFERÊNCIAS BIBLIOGRÁFICAS

ACCIOLY, Jessé, ATHAYDE, Angelina de. Educação Emocional. SSA: Santa Helena, 1996.

BENSON, Herbert. Medicina Humanista. São Paulo: Brasiliense, 1980

CARNEGIE, Dale. Como Fazer Amigos e Influenciar Pessoas. São Paulo: Nacional, 1984.

COOPER, Robert K. Inteligência emocional na empresa. Rio de Janeiro: Campus, 1997.

ERIKSON, Erik H. Infância E Sociedade. Rio de Janeiro: Zahar, 1976

GARDNER, Howard. Inteligências múltiplas: a teoria na prática. Porto Alegre: Artes Médicas, 1995.

GOLEMAN, Daniel, BOYATZIS, Richard, MC KEE, Annie. O poder da inteligência emocional. Rio de janeiro: Campus, 2002.

GOTTMAN, John, DE CLAIRE, Joan. Inteligência emocional: e a arte de educar nossos filhos. Rio de Janeiro: Objetiva, 1997.

MIRANDA, Roberto. Além da inteligência emocional. Rio de Janeiro: Campos, 1997.

MACLEAN, Paul D. The Triune Brain in Evolution: Role in Paleocerebral Functions". Plenum, New York, 1990.

SANTOS, Jair de Oliveira. Educação Emocional na Escola: A emoção na sala de aula. SSA: Faculdade Castro Alves, 2000.

SELYE, Hans. Stress a Tensão da Vida. São Paulo: Ibrasa, 1965.

STEINER, Claude, PERRY, Paul. Educação emocional: um programa personalizado para desenvolver sua inteligência emocional. Rio de Janeiro: Objetiva, 2001.

WEISINGER, Hendrie. Inteligência emocional: no trabalho. Rio de Janeiro: Objetiva, 2001.

SOBRE O AUTOR

Professor, licenciatura plena em desenho, UFBA; pós-graduação em metodologia e didática do ensino superior, Esc. Eng. Agrimensura; cursos de aprimoramento em computação gráfica, Senai; computação gráfica avançada, Senai; eletrônica digital, IUB; eletrônica analógica, Inst. Monitor; áudio e vídeo, Curso Dinâmico SSA. Mais de 25 anos lecionando em curso técnico, EEEMBA área eletrônica, Curso Dinâmico SSA áudio e vídeo. Desenvolvimento de projetos e protótipos para orientação e avaliação técnica; aulas técnicas por intermédio de simuladores de laboratório eletrônico; desenvolvimento de vídeo aulas; módulos de estudos; experimentos e aplicações envolvendo som, caixas acústicas de alto desempenho (spl), amplificadores, mixer, equalizadores, efeitos de iluminação e softwares de gravação e mixagem. Desenvolvimento de robô radio controlado equipado com som de alto spl, apresentado na feira internacional de informática e telecomunicações; elaboração em equipe de palestras voltadas a aplicações de softwares simuladores e instrumentos eletrônicos, para o encontro de técnicos e feira tecnológica; participou do encontro de profissionais de inspeção e integridade.

DO MESMO AUTOR

Versão
digital

Versão
impressa

Alb
alb.postal@gmail.com

Technoart
albericotechnoart@gmail.com

https://www.youtube.com/watch?v=PVh748naMnk
https://www.youtube.com/c/TECHNOART
https://www.facebook.com/profile.php?id=100003077211564
https://www.linkedin.com/feed/
https://br.pinterest.com/technoartaudio/
https://www.instagram.com/technoart.audio/?hl=pt-br
https://albericotechnoart.wixsite.com/videoart-som
https://videoartaudio.blogspot.com/